CHE COS'È LA DEEP PHILOSOPHY?

Filosofia dalla nostra profondità interiore

Loyev Books

CHE COS'È LA DEEP PHILOSOPHY?

Filosofia dalla nostra profondità interiore

di
Ran Lahav

Tradotto dall'inglese da Massimiliano Bavieri

Loyev Books
Hardwick, Vermont, USA
PhiloPractice.org/web/loyev-books

Titolo originale inglese: *What is Deep Philosophy?*
(Loyev Books, 2021)
Traduzione dall'inglese di Massimiliano Bavieri
Copyright © 2022 Ran Lahav. Tutti i diritti riservati
Foto di copertina di Ran Lahav © 2022 Ran Lahav

ISBN-13: 978-1-947515-12-3

Loyev Books
1165 Hopkins Hill Rd., Hardwick, Vermont 05843, USA
https://PhiloPractice.org/web/loyev-books
https://dphilo.org/books

Il traduttore **Massimiliano Bavieri** è laureato in filosofia e ha un diploma in pianoforte. È insegnante di pianoforte e di italiano per stranieri. Dopo essersi interessato alla consulenza filosofica, è entrato a far parte del gruppo internazionale Deep Philosophy. Ha tradotto in italiano saggi e opere filosofiche dal tedesco, dall'inglese e dal danese. Ha tradotto e commentato *La malattia per la morte* (Agorà e Co., 2021) di Søren Kierkegaard, con prefazione di Silvano Zucal. Nel 2020 ha pubblicato *Frammenti sull'Essere e sul nulla* (Loyev Books).

Indice

Prefazione   vi

Parte A: PRIMO INCONTRO CON LA DEEP PHILOSOPHY   1

Capitolo 1: Primo sguardo sulla Deep Philosophy   3

Capitolo 2: Momenti di contemplazione   18

Capitolo 3: Riflessioni sul significato della Deep Philosophy   27

Capitolo 4: Comprensione esperienziale   40

Capitolo 5: Speculazioni sugli orizzonti più ampi   51

Parte B: LE ORIGINI DELLA DEEP PHILOSOPHY   60

Capitolo 6: Il gruppo Deep Philosophy   62

Capitolo 7: Origini storiche   75

Parte C: I PILASTRI DELLA DEEP PHILOSOPHY   88

Capitolo 8: Sommario dei sette pilastri   89

Capitolo 9: Riflessioni sui sette pilastri   96

Parte D: LA PRATICA DELLA DEEP PHILOSOPHY   125

Capitolo 10: Impostazione generale   126

Capitolo 11: Metodi   134

Capitolo 12: Dopo la sessione   154

PREFAZIONE

*Deep Philosophy significa fare filosofia dalla nostra profondità interiore. Si tratta di una ricerca filosofico-contemplativa cui si dedica un gruppo internazionale di persone – il Gruppo Deep Philosophy. Per mezzo della contemplazione di aspetti fondamentali della vita, cerchiamo di entrare in relazione al fondamento della realtà umana. Praticandola dalla nostra profondità interiore, proviamo a dar voce alle nostre sensibilità e ai nostri aneliti più profondi. Per mezzo della contemplazione di testi della storia della filosofia, vogliamo prendere parte alla ricca polifonia di voci umane che si sono succedute nei secoli. Inoltre, facendo contemplazione nel modo dell'essere-insieme (*togetherness*) ai nostri compagni, cerchiamo di trascendere i limiti del nostro punto di vista personale, prendendo parte alle più ampie possibilità dell'essere umano.*

La Deep Philosophy è il prodotto di una mia personale ricerca, sviluppatasi negli ultimi quattro decenni, di una filosofia che sia non solo intellettualmente responsabile, ma anche profonda e significativa per la persona. L'indagine iniziò quando ero uno studente universitario di filosofia, per proseguire quando, divenuto professore universitario, da una parte ero spinto dall'anelito a esplorare il fondamento della realtà umana, mentre dall'altra ero insoddisfatto delle remote astrazioni dei discorsi accademici. Durante quei primi anni mi trovavo in uno stato di amore non corrisposto – ero innamorato della ricerca filosofica, ma soffrivo a causa del distacco e dell'intellettualismo della filosofia di cui ero a conoscenza. Eppure, guardandomi indietro, non posso che ammettere che devo molto ai miei studi e al mio lavoro accademici, perché mi hanno fornito competenze e conoscenze cruciali, che sono poi servite da basi intellettuali per la mia crescita successiva.

Il mio esodo dal mondo accademico ebbe inizio quando, giovane professore universitario, incontrai quell'ambito che viene chiamato counseling filosofico, o, in termini più generici, pratica filosofica. Questo piccolo movimento internazionale all'inizio mi entusiasmava, perché indicava che vi era la possibilità di unire filosofia e vita. All'interno di questo movimento divenni attivo a livello internazionale; dopo diversi anni, però, mi resi conto che cercavo altro. Io volevo una filosofia che rendesse più profonda la vita, non che la addomesticasse e la soddisfacesse; cercavo una filosofia che provocasse una trasformazione interiore, non una che risolvesse problemi personali; volevo una filosofia che fosse fedele alla missione filosofica originaria di connettere l'io al fondamento della realtà, nei limiti di quanto fosse possibile all'essere umano.

Mi ci vollero ancora alcuni anni per trovare la mia via. Tutto ebbe inizio su scala molto ridotta: iniziai a tenere in giro alcuni seminari di autoriflessione; passai poi a organizzare delle serie di incontri online, a cui invitavo amici e colleghi; successivamente iniziai a organizzare seminari sperimentali, poi alcuni ritiri e, infine, gruppi online. Alla fine, ciò che emerse era una nuova forma di filosofia contemplativa, che inizialmente chiamai "compagnia filosofica" e, successivamente, "Deep Philosophy".

Solo a quel punto sentii di aver finalmente trovato ciò che avevo inseguito in decenni di attività filosofica: una ricerca realmente filosofica del fondamento che fosse soggettiva, profonda, contemplativa e condotta nella modo dell'essere-insieme ai miei compagni e ai pensatori del passato. Ero ormai pronto a creare, con l'aiuto di compagni dotati del mio stesso modo di pensare, il Gruppo Deep Philosophy. In questo gruppo internazionale si pratica la contemplazione, si esplorano nuove vie e, infine, si offrono sessioni filosofico-contemplative a chiunque si trovi su questo stesso percorso di ricerca.

Mi preme sottolineare che la Deep Philosophy non è un'invenzione di questi ultimi anni. Niente è completamente nuovo nella storia del pensiero. Le radici della Deep Philosophy affondano nella storia della filosofia: è possibile individuarle nelle pratiche degli antichi pensatori greci ed ellenistici, negli scritti filosofico-poetici dei pensatori romantici tedeschi e dei trascendentalisti americani, nei pensatori esistenzialisti, ecc.

Queste radici testimoniano che la Deep Philosophy è un nuovo ramo del secolare albero della saggezza filosofica. Di certo, essa non costituisce una risposta ultima, né per me né per nessun altro. Come la storia ci mostra, la filosofia è la successione di una molteplicità di voci che si succedono continuamente, acquisendo sempre nuove forme. È mia speranza che la Deep Philosophy non si solidifichi in una dottrina fissa, ma possa motivare altri ricercatori a portare avanti la storia della ricerca infinita della saggezza e della profondità.

Ran Lahav
Vermont, USA, 2021

Parte A

PRIMO INCONTRO CON LA DEEP PHILOSOPHY

Non è facile fornire un resoconto sistematico della Deep Philosophy. Come molte altre attività umane, la Deep Philosophy non è qualcosa di unitario. Essa trae origine da una varietà di esperienze e aspirazioni personali; è stata modellata da idee e intuizioni differenti, le quali hanno assunto il loro rilievo in tempi diversi; essa, infine, è il risultato di una serie di considerazioni sorte in risposta a problemi particolari.

Un resoconto sistematico della Deep Philosophy, pertanto, sarebbe necessariamente un'interpretazione retroattiva, più simile a una mappa semplificata per turisti che a una descrizione fedele della geografia del luogo. Tuttavia, un tale resoconto, anche se un po' artificioso, può aiutare a gettar luce sulla natura della Deep Philosophy – a condizione che esso venga considerato come uno schizzo approssimativo.

In questo libro intendo presentare i temi principali che si incontrano nell'ambito sempre in evoluzione della Deep Philosophy, nonché il suo ricco – e forse confuso – intreccio di esperienze, di idee e di pratiche. La mia presentazione sarà necessariamente un po' frammentaria, anche se credo che i frammenti arriveranno a costituire un'unità più o meno coerente.

Il quadro generale della Deep Philosophy può essere diviso in tre parti principali: in primo luogo, vi è l'aspetto teorico, che comprende i concetti e i principi di base su cui si fonda la pratica della Deep Philosophy. In secondo luogo, vi è l'aspetto storico, relativo alle origini della Deep Philosophy e alle fonti cui essa si ispira. Infine troviamo, in terzo luogo, l'aspetto della pratica, che comprende sia i principi metodologici generali che il repertorio di esercizi e procedure.

Prima di approfondire ciascuna di queste caratteristiche, un buon punto di partenza è quello di dare uno sguardo preliminare alla Deep Philosophy (comprendente esperienze, osservazioni, idee frammentarie, speculazioni metafisiche), organizzando il discorso secondo il contenuto, senza però forzarlo all'interno di un'architettura artificiosa.

Capitolo 1

PRIMO SGUARDO SULLA DEEP PHILOSOPHY

Si può apprezzare lo spirito della Deep Philosophy solo se si comprende che essa è intimamente connessa a certe esperienze preziose che talvolta molti di noi hanno nei momenti di vita quotidiana. Queste esperienze avvengono, di solito, in modo spontaneo. Può accadere, mentre andiamo avanti nella nostra vita ordinaria, che queste esperienze improvvisamente si manifestino alla nostra coscienza – sotto forma di un'intuizione preziosa, di una comprensione che sembra arrivarci dal nulla, o in un modo che è accompagnato da un senso di concretezza e autenticità. Spesso, tali esperienze sono troppo fugaci perché riescano ad attirare la nostra attenzione; se però ci fermiamo ad osservarle, se prestiamo attenzione alle loro particolari caratteristiche, allora stiamo già compiendo un primo passo verso la Deep Philosophy. La Deep Philosophy ha a che fare con questi momenti speciali.

Bolle di comprensione

Talvolta, quando meno me lo aspetto – durante una conversazione, al lavoro, o mentre passeggio – può accadere che una "bolla" di intuizione giunga al livello della mia consapevolezza – così come una bolla d'aria risale dalle profondità di un lago fino alla superficie dell'acqua. Essa mi viene alla mente come se provenisse da lontano, come un leggero mormorio che arriva da una profondità sconosciuta del mio essere. Io allora assaporo questa nuova comprensione e ne colgo la preziosità. La bolla potrà forse essere appena percepibile, e anche l'intuizione che essa mi porta sarà forse di poco conto; tuttavia, essa possiede una peculiare qualità di autenticità e significatività speciali.

Solo allora mi accorgo che non tutto ciò che mi accade si origina sempre da uno stesso luogo posto nella mia mente – che non tutto proviene da quel mio io che mi è familiare. Vi sono aspetti nascosti del mio essere, situati al di là della struttura psicologica che chiamo "io", i quali sono fonti di intuizioni preziose.

Sospensione del pensiero

Mi siedo e inizio a leggere. La mia mente, di solito verbosa, si ritrova a seguire le righe della pagina con calma e delicatezza. Le parole più rilevanti del testo iniziano a riecheggiare in me, e io, in quieto ascolto, ne avverto la presenza. I miei pensieri rallentano, mentre un'insolita tranquillità discende su di me, soave e serena. Comprendo ora quanto sia stata piena di rumori la mia mente fino a pochi attimi prima. Una nuova intuizione fa ora la sua apparizione in questa quiete meravigliosa, appena descrivibile a parole ma profondamente viva; essa mi rivela significati nuovi e innominabili, che io assaporo.

È come se una fonte differente di comprensione stesse pensando in me, più profonda del mio familiare io pensante. Forse è un aspetto nascosto del mio essere a dar vita a queste nuove comprensioni – una sorgente nascosta, situata al di là dei consueti limiti della mia mente, oppure un vasto oceano di significati che riversa in me le sue acque preziose.

Contemplazione

Le mie preziose bolle di comprensione sorgono spesso in modo spontaneo: giungono alla mia consapevolezza da sé, all'improvviso, come doni che arrivano da un luogo lontano, e poi si trattengono dolcemente dentro di me per un po' di tempo; infine svaniscono. Non posso produrle quando voglio; posso solo preparare per esse uno spazio interiore, una radura nella foresta della mia mente, dove posso riceverle quando arrivano.

Messa a tacere la mia agitazione interiore, inizio con calma ad ascoltare la mia interiorità. Rimango in attesa. So che devo essere paziente, ma non del tutto passivo. Ho scoperto che se pongo un pensiero all'interno di questa condizione di quiete interiore e poi, delicatamente, rifletto su di esso, allora può accadere che emerga una bolla di comprensione preziosa. Un pensiero, se viene trattato con cura, può divenire origine di nuove intuizioni.

Ora non sono più un destinatario che viene sorpreso da comprensioni inaspettate. Mi trovo a dar forma, in modo intenzionale, al mio modo interiore di essere. Questo è ciò che si chiama contemplazione – mettere a tacere il pensiero, aprire uno spazio interiore di ascolto, porre in esso fonti di nuove comprensioni come una frase, un'idea, un testo, e, infine, aspettare che, provenendo da qualche luogo, arrivi una risposta.

Contemplazione filosofica

Voglio leggere un testo in modo contemplativo, ascoltandolo a partire dal mio silenzio interiore. Di che tipo di testo deve trattarsi?

Potrei fare contemplazione con una canzone popolare, con

un articolo di giornale, o con un testo scientifico. Per qualche motivo, però, questi testi non costituirebbero per me il giusto stimolo. Essi, infatti, sono troppo concreti e specifici per far sorgere in me comprensioni profonde e preziose.

Per fare contemplazione, le parole devono essere in relazione a significati originari. Esse devono puntare, al di là di fatti e oggetti specifici, a una realtà che supera i miei confini ordinari.

Tali sono le parole della filosofia – quelle, almeno, di un certo tipo di filosofia profonda. Un testo filosofico profondo ha a che fare con significati fondamentali.

La contemplazione di un testo filosofico è chiamata "contemplazione filosofica". Ciò significa che si ascoltano i significati di base della realtà umana. Tali significati non si trovano "dentro" la mia mente – essi sono troppo primordiali per essere "miei" o "dentro" di me. Essi provengono dalla realtà più grande che mi circonda.

Nella contemplazione filosofica io ascolto significati fondamentali "per mezzo di" un testo filosofico: leggendo con calma le sue idee filosofiche, lascio che esse parlino dentro di me, evitando di imporre le mie opinioni, nonché di analizzare tali idee o essere in accordo o in disaccordo con esse. È allora che io, tramite queste idee, posso ricevere comprensioni preziose che, sorgendo dalla mia profondità, mi riempiono della loro possente presenza.

Deep philosophy

Dopo aver fatto esperienza della contemplazione filosofica, dopo essere stato testimone dell'intensa e preziosa realtà delle mie comprensioni profonde, desidero ora trasformare tutto ciò in una pratica regolare, dedicando ad essa parte del mio tempo.

Posso senz'altro andare avanti da me, nella mia stanza.

Oppure posso trovare compagni che vogliano praticare la contemplazione filosofica di gruppo – sia perché essi hanno avuto le mie stesse esperienze, sia perché sono curiosi di provare.

Abbiamo così formato un gruppo di contemplatori filosofici. Periodicamente ci incontriamo e, assieme, svolgiamo attività di contemplazione. Decidiamo inoltre quali procedure adottare e quali testi filosofici utilizzare. Siamo ora un gruppo, un gruppo di Deep Philosophy.

Esercizi contemplativi

Nelle sue fasi iniziali, noi membri del gruppo avevamo l'intenzione di praticare la contemplazione in modo libero, aprendo semplicemente il cuore e la mente alla ricezione silenziosa, tramite il testo, di significati profondi e fondamentali. La mente, però, non si apre da sé. Essa è governata da rigidi schemi psicologici di pensiero. Non è libera come sembrerebbe, perché è controllata da un pilota automatico chiamato psicologia.

Quello che dobbiamo fare è mettere da parte i nostri schemi psicologici, orientando la mente in direzione di un ascolto interiore profondo; ma ciò non è facile, se non si è provvisti di un bagaglio di tecniche appropriate. Sono necessari speciali esercizi, come quelli che consistono nel leggere molto lentamente il testo, nel parlare in modi insoliti, nell'ascolto dei suoni delle parole che si riverberano nella stanza, nel canto di una frase, ripetuta più volte, fino a che il suo significato ordinario non si disintegri, oppure quello della formulazione delle idee in modi che siano precisi, ritmici, poetici.

Tutto questo, in un primo momento, può apparire artificiale e persino fastidioso e noioso. Non ci sono, però, altre vie da intraprendere: se vogliamo distaccarci dai nostri abituali schemi di pensiero, dobbiamo imporre alla mente dei vincoli artificiali.

La sessione contemplativa

Potrebbe certo nascere in noi il desiderio di trasformare la Deep Philosophy in uno stile di vita che non sia limitato soltanto a sessioni specifiche che hanno luogo in momenti particolari della settimana; oppure potremmo pensare che la connessione con le nostre esperienze più profonde dovrebbe essere sempre viva, in qualsiasi cosa facciamo, nella forma di un ininterrotto silenzio interiore o di un prezioso senso di autenticità. Questa, tuttavia, è una speranza irrealistica. Poiché dobbiamo vivere, non possiamo stare seduti tutto il giorno a praticare la contemplazione. La Deep Philosophy non implica un abbandono della vita, ma un suo arricchimento per mezzo di una realtà più profonda.

È per questo che pratichiamo la Deep Philosophy in sessioni di una o due ore – perché esse ci nutrono per tutto il resto della settimana. Per un periodo di tempo limitato ci liberiamo dalle nostre attività quotidiane, immergendoci in idee filosofiche e significati fondamentali. Quando la sessione è finita, l'intensa esperienza si dissipa, ma la nostra generale consapevolezza della profondità continua a permanere.

Qui la Deep Philosophy è come l'amore. Amare non significa solo traboccare di emozioni in ogni momento della giornata, ma anche conversare, progettare, risolvere problemi, pulire la casa, preparare i pasti, nonché lottare e soffrire. La Deep Philosophy è un tipo di amore – un amore per la profondità della realtà. Proprio come due amanti devono nutrire il loro amore con "momenti esclusivi" di vicinanza stretta, così è con la Deep Philosophy. I nostri "momenti esclusivi" sono le sessioni contemplative.

Tuttavia, anche se nella Deep Philosophy siamo mossi dall'amore, il nostro non è solo un cuore traboccante di passione. Abbiamo bisogno di tecniche, se vogliamo che il nostro anelito ci faccia trascendere la prigione della nostra normale psicologia. È per questo che una sessione si presenta come una sequenza strutturata di esercizi o tecniche.

Molte delle nostre sessioni contemplative si svolgono online. Usando la piattaforma Zoom, ci incontriamo sugli schermi dei computer – solitamente da cinque a dodici partecipanti provenienti da ogni parte del mondo – per fare contemplazione nel modo dell'essere-insieme per una o due ore, una volta a settimana. Quando è possibile, organizziamo un ritiro di Deep Philosophy in una località che sia conveniente per tutti, in modo da poter passare un fine settimana insieme. Indipendentemente dal luogo, al centro di ogni sessione di Deep Philosophy vi è sempre la stessa cosa: la voglia di fare contemplazione secondo l'essere-insieme, mettendo in gioco la nostra profondità interiore.

Una sessione di contemplazione è perciò un intervallo di tempo distinto dal resto della giornata o della settimana. Essa è come una "radura" nella "foresta" dei nostri frenetici traffici quotidiani. Così come il "momento esclusivo" degli amanti, o come il "tempo sacro" dello sciamano, essa serve a intensificare il nostro incontro con la realtà fondamentale. Essa è anche analoga a una preghiera religiosa – consiste, infatti, in un breve intervallo di tempo nel quale i praticanti si riconnettono a una realtà più grande.

Testi per la contemplazione

I filosofi, attraverso i secoli, hanno considerato la propria filosofia come espressione della verità sulla vita e sulla realtà.

In effetti, in un tipico testo filosofico possiamo trovare una teoria sulla libertà o sulla conoscenza, oppure una serie di argomentazioni a favore dell'esistenza di Dio o contro, oppure affermazioni sulla natura della bellezza o della giustizia.

Tuttavia, per noi del gruppo Deep Philosophy un testo filosofico è più di un'espressione intellettuale. Quando leggiamo un testo filosofico con calma e attenzione, esso può toccarci profondamente, oppure può stimolarci, risvegliando in noi qualcosa che è più profondo di semplici pensieri impersonali. È come se, per alcuni momenti, un aspetto nascosto del nostro essere venisse risvegliato.

In tali momenti, questo testo filosofico è più di una semplice teoria. Esso ci offre non solo un panorama di idee da esaminare in astratto, non solo una teoria da analizzare, bensì diviene una presenza viva dentro di noi. Ciò che sentiamo è che il testo dà voce a significati nascosti, di cui si percepisce la realtà e la presenza preziosa.

Questo è il cuore della contemplazione di testi, la quale, a sua volta, è l'attività principale nelle sessioni di Deep Philosophy. In questa forma strutturata di lettura, una varietà di procedure e di esercizi ci aiutano a lasciarci alle spalle i nostri normali schemi di pensiero e ad assumere uno stato mentale contemplativo, in cui l'attenzione è rivolta all'ascolto interiore. A differenza dei modi ordinari di leggere, nei quali si impone al testo il nostro modo di ragionare e le nostre opinioni, nella contemplazione di testi si lascia che sia il testo stesso a parlare in noi. In questo modo, accade che profondi significati appaiano da sé alla consapevolezza.

L'esperienza della contemplazione filosofica

Come contemplatori, spesso facciamo esperienza di significati profondi che nascono dal testo, dotati di un senso particolare di intensità, di autenticità, di preziosità, di silenziosa presenza. Possiamo percepire che "qualcosa di più grande di noi" sta pensando in noi stessi, oppure ci sentiamo aperti a una realtà più grande.

Queste esperienze indicano che ciò che in questi momenti sta accadendo in noi non è qualcosa di ordinario. I nostri abituali modi di pensare non sono più in atto, e un aspetto del nostro essere, solitamente dormiente, si è risvegliato.

Questo luogo ulteriore è ciò che noi chiamiamo "profondità interiore". La nostra profondità interiore è come una sorgente di una comprensione di tipo particolare. Nella contemplazione noi non pensiamo utilizzando i nostri meccanismi psicologici ordinari, così come siamo soliti fare normalmente, bensì pensiamo dalla nostra profondità interiore. Da qui nasce l'espressione "Deep Philosophy".

Profondità interiore

La profondità interiore è il "luogo", dentro di me, in cui si svolge la vicenda della contemplazione. Quando faccio contemplazione io penso, ascolto, parlo e comunico dal luogo della mia profondità interiore. Tramite la pratica della contemplazione, ciò che voglio risvegliare e nutrire è la mia profondità interiore.

Quella di "profondità" è una metafora di un tipo assai comune. Nel linguaggio comune si parla di un "libro profondo", di "una pensatrice profonda", oppure di una "emozione profonda" o di una "relazione profonda". Non è chiaro se tutte queste espressioni abbiano lo stesso significato, dato che il linguaggio usato nella vita quotidiana è spesso approssimativo e incoerente. Nella Deep Philosophy, però, usiamo la nozione di "profondità" per riferirci, in modo particolare, a un luogo nel nostro essere in cui facciamo esperienza di un pensiero e di una comprensione originari.

Come un contemplatore sa bene, è praticamente impossibile descrivere tale profondità. Essa sembra essere uno spazio in noi stessi che, non essendo accessibile al linguaggio, è più originario rispetto alle nostre capacità di espressione linguistica. Di solito è dormiente e nascosto, ma quando, durante la contemplazione, si risveglia, i miei pensieri divengono chiari, sereni, effettivi al massimo grado, nonché ricolmi di un senso di preziosa concretezza. In "ascolto" della mia interiorità, divengo il testimone di comprensioni nuove e sorprendenti, che sorgono al suo interno. È come se qualcosa di più grande del mio io abituale pensasse per mezzo di me. Rispetto a una tale meraviglia, il mio modo ordinario di pensare appare monotono e smorto.

La profondità interiore, dunque, come una fonte che riversa all'esterno la sua acqua dal profondo della terra, è una fontana che trasporta significati originari alla superficie visibile della nostra consapevolezza.

Astensione filosofica

Quando facciamo contemplazione con un testo filosofico profondo e riusciamo ad apprezzarne le idee, noi ci troviamo in una situazione peculiare. Da una parte, il testo può colpirci in modo potente con la sua preziosa autenticità. Dall'altra, non dobbiamo necessariamente essere d'accordo col testo o accettarlo come vero. Esso, anzi, può contraddire un altro testo che noi stessi troviamo ugualmente stimolante. Come si può allora essere colpiti allo stesso modo da due idee contraddittorie?

Tutto ciò può lasciare perplessi, fintantoché le idee del testo vengono trattate come una teoria, o, in altre parole, come affermazioni riguardanti il modo in cui le cose sono – ossia come qualcosa che è o vero o falso. Due teorie differenti che descrivono lo stesso oggetto in modi differenti non possono essere entrambe corrette.

Tale perplessità si risolve quando si comprende che, durante la contemplazione, un testo filosofico può colpirci non a causa della sua verità, ma a causa della sua profondità, ossia non per quello che esso ci dice riguardo alla realtà, ma per i significati che rivela. Ciò che si riceve dal testo non sono verità fondamentali, bensì significati fondamentali.

Questi significati fondamentali si risvegliano nella nostra profondità interiore quando ascoltiamo il testo nella nostra interiorità. Quando ciò accade, tale potente esperienza di ciò che è reale ci rivela che siamo in intima relazione a qualcosa di veramente effettivo, sebbene non si possa pretendere di sapere esattamente cosa esso sia. È come se questi significati fossero "suoni" o "voci" che, in qualche modo, raggiungono le nostre "orecchie", senza però rivelarci né quale sia la loro provenienza né di chi siano voce.

Per "udire" questi significati fondamentali, però, dobbiamo trattare il testo come un soggetto portatore di significati, o, in altre parole, dobbiamo astenerci dal giudizio attorno alla verità della teoria che esso propone. Non dobbiamo essere d'accordo o in disaccordo con esso, bensì dobbiamo considerarlo espressione di un particolare incontro dell'umano con ciò che è reale. Infatti, la persona che in origine ha scritto quel testo non sarebbe mai riuscita a racchiudere la realtà fondamentale in teorie – così come non potremmo noi contemplatori; ciò che ha potuto è solo "udire" quei significati che l'incontro con tale realtà portava alla luce.

Storia della contemplazione di testi

La contemplazione di testi affonda le sue radici in varie

tradizioni spirituali e sapienziali del passato. Un esempio è rappresentato dalle pratiche dei filosofi stoici dell'antico mondo ellenistico e romano, i quali contemplavano i principi stoici per mezzo di esercizi che coinvolgevano la scrittura, la lettura, l'immaginazione, il pensiero. Un altro esempio è l'antica pratica cristiana della *Lectio Divina*, standardizzata nel dodicesimo secolo dal monaco certosino Guigo II. Essa consiste nella lettura meditativa di brani delle Sacre Scritture e nell'ascolto interiore degli elementi più significativi della parola divina, così come appaiono nella mente del praticante.

A differenza di queste tradizioni spirituali, nella Deep Philosophy non seguiamo alcuna dottrina, sia essa filosofica, religiosa, o di altro genere. I nostri testi appartengono a qualsiasi periodo storico e a qualsiasi tipo di indirizzo filosofico, perché ciò che ricerchiamo è la molteplicità delle voci umane, non un singolo insegnamento autoritario. Solitamente, per ogni sessione si utilizza un brano di 1-2 pagine scelto da una più ampia opera filosofica. Particolarmente efficaci sono quei brani che, in forma concisa e persino poetica, trattano di situazioni umane quali ad esempio l'amore, l'autenticità, il desiderio. Si può scegliere, per una serie di sessioni, un insieme di testi filosofici che esprimano una varietà di punti di vista sullo stesso tema. Per noi, questi differenti punti di vista si integrano a vicenda, come accade ai vari strumenti musicali in un'orchestra.

Voci della realtà umana

Nella Deep Philosophy ci impegniamo a entrare in rapporto alla profondità della realtà umana quanto più intimamente possibile. Non cerchiamo di teorizzare attorno a tale profondità – questo significherebbe guardare ad essa dalla prospettiva di un osservatore esterno, e, con ciò, oggettivarla e trasformarla in un oggetto da indagare, indipendente dal filosofo che pensa. Significherebbe anche oggettivare noi stessi come soggetti, pretendendo con ciò di essere una "cosa" che pensa (usando le parole di Cartesio).

Noi vogliamo entrare in contatto con la realtà prima che questa venga oggettivata dal pensiero e dal linguaggio, prima che sorga la distinzione tra soggetto e oggetto, prima che i nostri meccanismi di pensiero psicologici attivino i loro schemi. Per tale fine, nessuna descrizione che ruoti "attorno a" ciò che è reale potrebbe funzionare, né alcuna teoria che provi a rappresentare la realtà o a rinchiuderla in affermazioni.

Questo luogo originario è formato dall'insieme di ciò che noi chiamiamo "voci della realtà umana". Questa espressione possiede molteplici significati.

In primo luogo, essa indica che non ci si riferisce a esperienze soggettive poste nella nostra mente, bensì alla realtà di cui noi siamo parte – a quell'oceano di cui noi non siamo che un'onda.

In secondo luogo, quest'espressione indica che tale spazio originario è pieno non di oggetti e fatti, non di parole e concetti, ma, piuttosto, di significati, i quali si trovano oltre tutto ciò. È questo ad essere espresso dalla metafora delle "voci": la voce di un oratore non si esaurisce nel semplice suono fisico, bensì è anche il significato che essa veicola. "Voce", qui, è una metafora che si riferisce alla sfera dei significati di base.

In terzo luogo, però, la nozione di "voce" indica anche che questi significati originari sono fluidi e cangianti, e ciò perché essi emergono dai nostri incontri con la realtà – incontri che mutano così come mutano le situazioni umane, sia da un punto di vista culturale che da uno individuale.

Da ultimo, questa espressione ci ricorda che i significati di base arrivano a noi non in quanto sono oggetti del nostro pensiero o qualcosa di cui si faccia esperienza – non come un contenuto da afferrare – bensì per un'ispirazione diretta, come un fremito che si diffonde nella mente. Essi si incarnano in noi, vibrando in tutto il nostro essere.

Quanto sono fondamentali queste voci? Sono esse la realtà ultima, come potrebbe esserlo un dio? Ovviamente, non possiamo fare affermazioni del genere. In quanto esseri umani, siamo limitati in modi che non possiamo comprendere. Non possiamo sapere che cosa si trovi oltre il nostro orizzonte. Queste voci sono sì primordiali, ma si trovano al di qua dei limiti che ci costituiscono in quanto esseri umani, in ambiti che, in linea di principio, ci sono accessibili. È questo il motivo per cui le chiamano "voci della realtà umana".

Cos'e la Deep Philosophy?

Se dovessi dare una definizione sintetica della Deep Philosophy, direi che nella Deep Philosophy si fa contemplazione dalla nostra profondità interiore sui problemi fondamentali dell'esistenza, nel modo dell'essere-insieme ai nostri compagni e con i testi della tradizione filosofica.

Questa formulazione ci dice, per prima cosa, che la Deep Philosophy è una forma di filosofia. Come già numerose filosofie nel corso della storia, anch'essa esplora aspetti fondamentali della vita e della realtà. La mia formulazione, però, dice anche che la Deep Philosophy comporta un tipo particolare di filosofare. Diversamente dal tipico pensiero accademico, nel quale si pensa dall'intelletto, nella Deep Philosophy pensiamo dalla nostra profondità interiore – in altre parole, contempliamo.

Inoltre, questa formulazione ci dice anche che la Deep

Philosophy è, primariamente, un'attività da svolgere in gruppo – meglio se di piccole dimensioni. A differenza dei normali gruppi di discussione, qui i partecipanti non discutono, non giudicano, non esprimono opinioni proprie. Essi, piuttosto, riflettono nel modo dell'essere-insieme, entrando in risonanza gli uni con gli altri – come accade ai musicisti quando improvvisano in gruppo – creando assieme, con ciò, una polifonia filosofica.

Da ultimo, questa formulazione dice anche che nella Deep Philosophy si entra in relazione con i filosofi del passato. La filosofia, nel senso occidentale del termine, è una lunga tradizione. È un processo storico, nel quale ogni pensatore porta avanti il discorso emergendo dal contesto dei filosofi che lo precedono – sia in modo esplicito che implicito. Nessun filosofare può partire da zero, né può essere separato dalla storia. Questo è il motivo per cui, nelle nostre sessioni, facciamo contemplazione con testi della storia della filosofia – non perché li consideriamo autorità da seguire, bensì perché ci forniscono il materiale con cui lavorare e con cui entrare in risonanza e, infine, perché costituiscono il punto di partenza da cui potere sviluppare le nostre personali comprensioni.

Capitolo 2

MOMENTI DI CONTEMPLAZIONE

Contemplazione individuale di testi

In silenzio, con un libro in mano, faccio contemplazione col mio testo quotidiano, mentre i miei occhi scorrono dolcemente sulle righe. Libertà, anima, natura: le parole di questo famoso filosofo prendono vita con dolcezza nella mia mente, mentre io rimango in ascolto del silenzio che le avvolge. Tutto, ora, è presente a me e carico di profondi significati che io ricevo con gratitudine, sebbene non possa afferrarli del tutto con la mia mente. So che non dovrei provare ad analizzarli o imporre ad essi le mie interpretazioni. Li lascio parlare in me come vogliono, ascoltando le loro voci.

Mi trovo d'accordo col testo, oppure sono in disaccordo?

Ma nella quiete del momento non vi è spazio né per il giusto né per lo sbagliato, così come non ve ne è per l'accordo o il disaccordo. Vi sono solo significati che si diffondono nell'aria come musica, senza chiedere quale sia la mia opinione. Le opinioni possono essere giuste o sbagliate, le teorie possono essere corrette o scorrette, ma ciò che parla in me attraverso queste pagine è completamente diverso: non ha nulla da dichiararare, niente di cui convincermi, nessun dato di fatto da descrivere. Come una melodia, è qualcosa che è, e nient'altro.

Io so, ovviamente, che chi ha scritto questo testo intendeva proporre una teoria, so che credeva di fare asserzioni sulla vita, sulla natura della libertà e sulla struttura dell'anima o dello spirito; so, insomma, che riteneva di dire la verità. Ma che cosa importa ciò che questo scrittore credeva di fare? Egli non era padrone di questi significati, bensì solo colui che li registrava su carta quando essi arrivavano alla sua mente.

Contemplazione di gruppo

Quando sono seduto da solo nella mia stanza, le mie contemplazioni solitarie mi procurano il silenzio più puro e le più profonde intuizioni. Ciononostante, io cerco anche la compagnia dei miei compagni, poiché apprezzo la piacevole pienezza della contemplazione nel modo dell'essere-insieme agli altri. Se loro non sono vicini, posso raggiungerli tramite una videoconferenza online, a dispetto dello schermo di computer che ci divide e delle difficoltà di connessione. Assieme leggiamo un paragrafo, recitiamo più volte una frase selezionata, oppure diamo voce alla nostra profondità interiore entrando in risonanza gli uni con gli altri.

Nella contemplazione di gruppo non si sta in silenzio come accade nella contemplazione personale, né si guarda dentro se stessi come accade in quella: i volti e le parole dei miei compagni non mi permettono di scendere così pienamente nella mia profondità interiore. Eppure, sia perché sono aperto alle voci dei miei compagni, sia perché lascio che esse arricchiscano la mia voce, io sono più che me stesso. Io sono ora la voce di un coro. Forse non scendo tanto profondamente in me, ma riesco, comunque, a superare i miei confini e a spingermi verso sfere più grandi della realtà umana.

L'esercizio di centratura

Ci riuniamo, in nove partecipanti, per una sessione di Deep Philosophy. Dopo aver dato il benvenuto al gruppo, il facilitatore inizia subito la sessione con un "esercizio di centratura".

L'esercizio consiste in una breve meditazione che ha il fine di far tacere la mente, preparandola così alla sessione. Qui faremo il primo passo nel mondo della contemplazione, in cui la nostra mente raggiungerà una maggiore libertà dai suoi abituali schemi di pensiero e dalle strutture psicologiche che tentano di governarla.

Per questa particolare sessione, la nostra facilitatrice ha scelto un esercizio di centratura che utilizza la colonna d'aria come scala – in senso metaforico – che serve a scendere nella nostra profondità interiore. La facilitatrice ci chiede di chiudere gli occhi, di portare delicatamente l'attenzione alla nostra interiorità, e di concentrarci sul naso.

"Ora stiamo riposando all'interno delle nostre narici" – dice con calma; "qui percepiamo l'aria mentre fluisce dentro in noi e poi esce".

Dopo tre o quattro respiri, la facilitatrice ci invita a immaginarci di scendere verso la nostra bocca e di rimanere lì per un po' ad ascoltare il rumore dell'aria che passa sopra la lingua. Dopo altri tre respiri, scendiamo ancora più giù attraverso la gola, poi seguiamo la colonna d'aria fino al petto, poi fino allo stomaco, poi fino alle cosce, che si muovono leggermente durante la respirazione. Da ultimo, mentalmente scendiamo fino a un punto situato sotto il nostro stesso corpo e sotto la nostra sedia, un punto in cui è il silenzio prima di tutte le parole, il punto dell'ascolto interiore.

Tutti noi stiamo ora assaporando il piacere del silenzio interiore, dell'ascolto tranquillo, della profondità interiore. Per alcuni momenti, tutto è intensamente vivo dentro e fuori di noi. È chiaro che la mente psicologica, con la sua forza e le sue abitudini, non può essere completamente neutralizzata.

Un esercizio di centratura, però, non è progettato per trasformarci. È solo un assaggio e un'indicazione: "Guarda", ci dice, "questo è il tuo silenzio interiore. Gustalo e conservalo nel tuo cuore."

Per un po', ad occhi chiusi, ci manteniamo in questa quiete. Poi, dopo uno o due minuti – non di più, per non stancarci né distrarci – la voce della facilitatrice raggiunge di nuovo le nostre orecchie invitandoci a tornare lentamente al gruppo e, quando siamo pronti, ad aprire gli occhi.

Momenti di "lettura interpretativa"

Con la mente concentrata e quieta torniamo al testo filosofico che la facilitatrice ha preparato in anticipo. Per questa sessione è stata scelta una pagina dagli scritti del filosofo romano Marco Aurelio; il gruppo, ora, inizia a leggerla seguendo la procedura della "lettura interpretativa". Uno dopo l'altro, più volte e lentamente, iniziamo a leggere ad alta voce il primo paragrafo. La lettura ripetuta, creando un ritmo simile al canto, prepara la mente alla contemplazione. Veniamo anche invitati ad aggiungere brevi interpretazioni alla lettura del testo, limitandoci però a poche parole, altrimenti interromperemmo lo scorrere della lettura.

Dopo averlo letto in tre o quattro, proseguiamo col paragrafo successivo. La nostra facilitatrice è sempre la prima a leggere. Poiché conosce bene il testo, è lei a farci da "guida" al suo interno. Mentre legge, può aggiungere qua e là brevi commenti o enfatizzare alcune parole, facendo sì, in tal modo, che la nostra attenzione si soffermi su aspetti rilevanti del panorama di idee del testo.

Leggendolo, arriviamo a comprenderne le sue idee principali; la sua lettura è necessaria, perché è ovvio che non si può fare contemplazione con un testo che non sia stato prima compreso. Qui, però, non si ha a che fare con un tipo di comprensione meramente intellettuale; infatti, l'esercizio ci mette in diretto contatto con alcuni elementi salienti della contemplazione stessa, come l'ascolto non giudicante, la risonanza col testo, l'allentamento della tensione mentale per mezzo di una lettura ripetitiva, e, infine, il lasciarsi trasportare dalla "musica" del testo che viene letto.

Pertanto, la nostra lettura interpretativa è semi-contemplativa, visto che richiede sia un ascolto interiore silenzioso delle idee, sia un certo grado di pensiero discorsivo. La nostra facilitatrice ha esperienza e, grazie al suo modo di facilitare preciso e scorrevole, mano a mano che proseguiamo con la lettura le nostre menti divengono sempre più calme e profonde.

Dopo circa trenta minuti, giunti alla fine della pagina, le nostre menti sono ormai entrate in sintonia con le idee di Marco Aurelio e sono ora pronte per esercizi contemplativi più profondi.

Momenti di *"ruminatio"*

Durante la sessione, tra un turno di lettura interpretativa e l'altro, per più volte la nostra facilitatrice ci fa eseguire l'esercizio della *ruminatio*, chiamato anche "canto filosofico". Dopo avere scelto una frase dal paragrafo appena letto, la facilitatrice ci chiede di ripeterla – seguendo un ordine che è stato stabilito in precedenza – senza interpretarla e senza fare interruzioni tra una lettura e l'altra. La ripetizione crea un ritmo che dissolve il significato ordinario delle parole, così che queste si trasformano in un flusso di suoni che mettono a tacere ogni pensiero discorsivo. Frammenti di idee e immagini si muovono nella nostra mente, evocando significati inesprimibili che, come preziose voci provenienti da lontano, risuonano dentro di noi con la loro intensa presenza.

Momenti di "parlare prezioso" (*precious speaking*)
Ora che le idee di base del testo sono chiare e vive nelle nostre menti, è il momento di passare alla fase successiva e di ascoltare tali idee dalla nostra profondità interiore. Per questo scopo, la facilitatrice inizia l'esercizio del "parlare prezioso".

Nel parlare prezioso noi entriamo in risonanza col testo, dando voce alle intuizioni che si sorgono in noi. Evitando di esprimere opinioni o giudizi soggettivi, ci mettiamo in ascolto, "tramite" il testo, di quei significati fondamentali che esso comunica. Se un testo filosofico profondo è in armonia con la vita umana in generale, esso esprime ben più delle convinzioni personali dello scrittore. Ciò che un filosofo ha messo su carta molti anni prima può essere espressione non solo dei suoi pensieri soggettivi, bensì di un ambito di significati assai più grande.

La nostra facilitatrice ci guida lungo vari turni di parlare prezioso. Esprimendo le intuizioni che appaiono dentro di noi e parlando in modo conciso – limitandoci a proferire poche e precise parole – diamo forma a ogni parola come se fosse una gemma preziosa. Questo modo di parlare ci modifica profondamente: fa concentrare le nostre menti e le rende vigili e ricettive. Uno dopo l'altro, pronunciamo le nostre frasi poetiche in ordine libero; ciò crea un'atmosfera di intimità e di apertura, come pure un senso dell'essere-insieme che coinvolge l'intero gruppo.

A parlare, nel nostro gruppo, ormai non sono più idee soggettive, bensì è un coro di voci che trascende ogni individualità particolare. Noi ora diamo voce a significati fondamentali che sono parte della vita – a quell'oceano di cui noi siamo parte, ma che raramente giunge fino alla nostra consapevolezza.

Dar voce (*voicing*)
Dopo circa un'ora il gruppo termina la contemplazione delle idee del testo. La facilitatrice ora vuole farci entrare in risonanza col testo intero e farci esprimere in un modo più personale. Vuole che entriamo in risonanza specialmente con un concetto che nel testo è centrale – con la nozione che Marco Aurelio chiama "principio dirigente (ciò indica, nella sua filosofia, il centro, interno all'io, principio di libertà e di ragione). A tal fine, la facilitatrice dà inizio all'esercizio del "dar voce".

"Che cosa significa per me questo principio dirigente?" – così ci chiede. Ma non vuole che rispondiamo con opinioni. Al contrario, ci invita ad ascoltare in silenzio la nostra interiorità.

Per alcuni momenti, sedendo senza parlare, tendiamo l'orecchio alla nostra interiorità, stando ad occhi chiusi oppure rileggendo velocemente le parole del testo. Poi, quando siamo pronti, iniziamo a scrivere con delicatezza, facendo in modo che la scrittura, scaturendo dal nostro interno, sia voce della nostra profondità interiore. Per quanto possibile, cerchiamo di produrre frasi brevi, accurate, poetiche.

Scrivere in uno stile poetico ed accurato indirizza la mente verso un'attenzione concentrata e delicata, rivolta ai significati e alle immagini. La scrittura gentile (*gentle writing*), così come la ricerca interiore delle parole giuste, intensificano il senso di preziosità e autenticità. Talvolta ci pare di scrivere ciò che una voce interiore ci sta dettando. Non c'è da meravigliarsi che l'esercizio del "dar voce" sia spesso il momento più significativo dell'intera sessione.

Dopo aver finito di scrivere, ci riposiamo un po'. Stanchi a causa del lungo momento di attenzione, sappiamo che la sessione sta ormai per finire. Esaminiamo un'ultima volta i versi poetico-filosofici che abbiamo scritto – o, forse, che la nostra profondità interiore ha scritto – e poi li leggiamo al resto del gruppo.

Un momento prezioso

In precedenza, a metà sessione, ho fatto esperienza di ciò che chiamiamo un "momento prezioso". L'ho sentito arrivare quando il gruppo stava leggendo in maniera interpretativa il testo di Marco Aurelio. È allora che ho lasciato andare le resistenze interiori e ho aperto in me uno spazio silenzioso di ascolto. Lasciando che la mia mente si distendesse e i miei occhi scivolassero sulle righe del testo, ho così assaporato la dolcezza delle parole che i miei compagni stavano leggendo. Esse risuonavano nel profondo di me stesso, ma anche attorno a me, mentre loro parlavano senza che io interferissi.

All'improvviso, una potente presenza mi ha avvolto, smisurata e soave, silenziosa eppure brulicante di significati. Provenendo dalle parole del testo, essa è riuscita a dissolvere i miei confini. Sono in tal modo svaniti i netti limiti che dividono ciò che è dentro di me da ciò che è fuori, ciò che è l'insieme dei miei pensieri e le idee altrui. Per qualche momento sono divenuto parte di qualcosa di immenso – mi sono trasformato in una piccola onda di un vasto oceano. Stavo in silenzio – poiché le onde non parlano dell'oceano.

Le parole nella stanza non erano più solo nostre – esse appartenevano a un'immensità che ci comprendeva. Il testo, inoltre, non era più soltanto di Marco Aurelio, anche se erano state le sue dita, secoli prima, a metterlo su carta. Egli aveva solamente trascritto quello che si era comunicato alla sua mente. Dopo tutto, essendo un filosofo, aveva un'ampiezza di mente che gli consentiva di recepire tutto ciò e di tradurlo in un linguaggio umano.

Significati preziosi risuonavano in me, giungendomi da oltre i miei confini, e io ne bevevo, placando così il mio desiderio.

"Cosa porto via con me?"
Mentre la sessione si avvia verso la fine, questa intensa atmosfera inizia a dissolversi. Tutti noi siamo davvero esausti. È tempo di rilassarsi, di riprendersi, di riflettere su ciò che è accaduto.

La facilitatrice, dopo aver annunciato la fine della contemplazione, ci chiede di guardare brevemente indietro e ripensare all'intera sessione. Poi riprende a parlare, dopo un minuto o due di silenzio: "Vi prego ora di raccontare cosa portate via con voi della sessione – un'intuizione, un'esperienza, una questione che dà da pensare...".

È difficile rispondere con precisione a una tale domanda. La contemplazione non è pensata per produrre un risultato o un'affermazione definitiva. Come un concerto, essa è significativa mentre viene eseguita, ma quando è terminata non lascia niente che ci si possa portare a casa. Tuttavia, il tentativo di verbalizzare momenti passati aiuta ad assimilare ciò che è accaduto e consente di rendere partecipi i compagni delle nostre esperienze.

Uno dopo l'altro parliamo brevemente, mentre gli altri ascoltano e annuiscono, oppure sorridono, o pensano tra sé e sé. Dopo che ognuno ha espresso ciò che aveva da dire, la sessione giunge al termine, ma per alcuni momenti rimaniamo in silenzio. Poi ci guardiamo, sorridiamo, poi, senza proferire parola, ci salutiamo.

Capitolo 3

RIFLESSIONI SUL SIGNIFICATO DELLA DEEP PHILOSOPHY

Perché la Deep Philosophy?
"Che cosa mi può dare la Deep Philosophy?", ci si può chiedere. "Come può soddisfare i miei desideri?".

In questa domanda è nascosto un assunto fuorviante, secondo il quale qualcosa è valido solo se soddisfa un desiderio preesistente.

Tuttavia, perché la filosofia abbia un valore non ha da soddisfare desiderio alcuno – è possibile, anzi, che essa crei nuovi desideri e bisogni, risvegliando aneliti sopiti che sono più grandi di quelli che già sentiamo di avere. Essa può anche sviluppare sensibilità che sono ancora latenti, oppure far nascere nuove e più profonde comprensioni. Oppure potrebbe farci rivalutare vecchi desideri e, magari, nell'accorgersi di quanto triviali o insignificanti siano, potremmo maturare il desiderio di trascenderli.

Chi è dipendente dalla televisione potrebbe chiedere: "Chi ha bisogno di poesie? Possono esse darmi quell'eccitazione e quel divertimento che ottengo guardando ogni sera la TV? Se la risposta è negativa, allora a cosa servono?".

Un affarista che insegue il guadagno potrebbe chiedersi: "Chi ha bisogno di Tolstoj o di Platone? Quanto possono farmi guadagnare? Niente? Beh, allora perché preoccuparsene?"

Cosa possiamo rispondere a queste persone? Se non hanno mai fatto esperienza di significati più alti, una spiegazione teorica non servirebbe a nulla.

Non ci si deve chiedere, pertanto, quali desideri la Deep Philosophy soddisfi, bensì quali desideri ed aneliti più alti possa far sorgere in noi – a quali nuove sensibilità possa dar vita, quali nuovi "occhi" riesca ad aprire. Ciò che è da chiedersi, in breve, è quali aspetti più elevati dell'esistenza umana essa possa disvelarci.

Qualcuno si potrebbe forse chiedere quali siano questi aspetti più elevati che la Deep Philosophy promette di rivelare.

Ciò, però, non si può spiegare a chi non ne abbia mai fatto esperienza, a meno di non ricorrere a vaghe metafore o a spiegazioni che girano in circolo senza spiegare nulla. Come si può spiegare il significato della poesia, della musica classica, o della contemplazione filosofica, a chi non ne abbia mai fatto esperienza?

La risposta più appropriata è: "Vieni a far pratica! Fai esperienza della contemplazione in prima persona, in modo da poter vedere coi tuoi occhi!".

La Deep Philosophy non produce nulla
Che tipo di risultati ci si aspetta che la Deep Philosophy produca?

Nessuno. La Deep Philosophy non è pensata per produrre alcunché – nessuna nuova teoria o conoscenza, nessuna comprensione di sé, nessuna pace, nessuna esperienza gradevole, nessuna nuova abilità. Certo, è fuori dubbio che, dopo varie sessioni di contemplazione, qualche risultato si ottenga – silenzio interiore, intuizioni interessanti, sensibilità accresciuta – ma questi sono prodotti secondari, non il fine stesso.

La pratica della Deep Philosophy è assimilabile a quella dell'amore: si bacia l'amato non col fine di conseguire qualcosa per se stessi, bensì *per* amore. Allo stesso modo, si ascolta la musica non per raggiungere qualcosa, ma per amore della musica. Noi pratichiamo la Deep Philosophy per amore, per un anelito, per uno stupore.

Il mondo in cui viviamo è governato da un pragmatismo che ci induce a venerare prodotti che soddisfano bisogni e desideri. La Deep Philosophy sfida questa tendenza. Essa non vuole soddisfare l'essere umano, bensì risvegliarlo alle domande fondamentali, scuoterlo, suscitando così in lui meraviglia e desiderio.

Per noi le questioni fondamentali della vita non sono problemi pratici da risolvere, bensì sono origine degli inesauribili significati che la vita stessa possiede. Sono qualcosa che non potremo mai risolvere in modo definitivo. È per questo motivo che, per la contemplazione, scegliamo quei particolari testi che presentano i problemi della vita nella loro inestinguibile complessità. Sono testi per mezzo dei quali noi possiamo dare ascolto, con l'attenzione rivolta alla nostra interiorità, agli aspetti più profondi della realtà umana. Si potrebbe dire, a ragione, che non si cerca altro che coltivare un'apertura a tali dimensioni più profonde – a patto che questo non si interpreti come il nostro obiettivo finale; infatti, un obiettivo finale, una volta che sia stato formulato come principio, tende a pietrificarsi in un'ideologia morta. Noi, invece, facciamo contemplazione soltanto per mantenere vivi il nostro stupore e i nostri aneliti.

Filosofia performativa

"Ho partecipato a una sessione di Deep Philosophy, ma alla fine non ho acquisito alcuna nuova conoscenza!".

"Dimentica la fine della sessione – guarda alla sessione nella sua interezza, momento per momento. È stata significativa?".

Tradizionalmente, i filosofi fanno filosofia per raggiungere qualche conclusione – una nuova teoria, una spiegazione, una dimostrazione. Al termine delle loro indagini, essi mettono per iscritto i risultati che hanno ottenuto e li fanno circolare, sotto forma di saggi, tra il pubblico dei lettori.

La filosofia, però, deve per forza raggiungere conclusioni per poter avere valore?

Quando andiamo a una conferenza, speriamo di tornare a casa con nuove conoscenze; ma quando andiamo a un concerto non ci aspettiamo di tornare con qualcosa che prima non possedevamo. Ciò che facciamo è ascoltare con attenzione l'esecuzione del brano momento per momento, ma, a parte qualche profonda esperienza, quando le luci si spengono in mano non ci rimane niente di definitivo. Tuttavia, anche se torniamo a casa a mani vuote, ci sentiamo arricchiti. Tutto ciò perché la musica ha senso – così come lo ha il balletto o il cinema – non per ciò che essa produce, ma per ciò che essa è mentre la si fa.

Le esperienze menzionate qui sopra si possono chiamare "attività performative". Oltre a queste, si può parlare anche di una *filosofia performativa*: un'attività filosofica, cioè, che è significativa mentre sta accadendo. L'atto filosofico in sé è significativo, sebbene esso possa non fornire al soggetto che lo compie alcuna nuova conoscenza filosofica da portarsi con sé.

Perché, però, la Deep Philosophy è una filosofia di tipo performativo? Come può essere che essa non produca alcun risultato finale – una nuova teoria, un'idea, una conoscenza di qualsivoglia genere?

La risposta è che a coinvolgerci, sia nella contemplazione

che nella musica, non è qualcosa che si possa rinchiudere in descrizioni o in teorie. Le teorie sono qualcosa che ci si può portare a casa, ma le profonde comprensioni filosofiche che viviamo in una sessione non possono in alcun modo essere racchiuse in frasi. Non possono essere conservate affatto – poiché esse vivono solo nel momento in cui si danno.

A cosa aspira la Deep Philosophy
Noi pratichiamo la contemplazione filosofica perché cerchiamo il fondamento dell'esistenza. La filosofia, dopo tutto, ruota attorno ai problemi più essenziali della vita e della realtà. Noi desideriamo raggiungere una comunicazione intima col fondamento.

Questa è una missione eccezionale, nobile e stimolante, ma può darsi che sia troppo ambiziosa per essere pienamente accessibile a semplici umani. Eppure, nel corso della storia gli esseri umani hanno provato a realizzarla – tramite meditazione spirituale, riti, miti, musica, preghiera, e anche per mezzo della filosofia. La nostra via è la filosofia, perché noi cerchiamo non solo di provare sentimenti, ma anche di capire – non solo di essere coinvolti emotivamente, ma anche di comunicare ciò che viviamo. Attraverso la conoscenza filosofica entriamo in dialogo coi significati di fondo dell'esistenza, ossia con ciò che chiamiamo "voci della realtà".

È ovvio che ci troviamo da sempre immersi nella realtà, con o senza Deep Philosophy. Noi siamo sempre onde di un oceano. Filosofando, però, noi rendiamo esplicita questa relazione, facendola parlare in noi e lasciando che essa ci stimoli. Tramite la contemplazione noi rendiamo manifesto il nostro incontro con la realtà, rispondendo ad essa col riconoscimento della sua importanza e del suo valore.

Come semplice individuo, non posso riuscire pienamente

in questo compito, perché faccio sempre parte di un discorso storico che accade fra l'umano e il reale. Così come io, per comunicare con coloro che mi stanno vicino, devo fare affidamento sulla lingua italiana (o su qualsiasi altra lingua io parli), allo stesso modo devo affidarmi alla "lingua" degli incontri fra l'umanità e il fondamento. Qualsiasi rapporto io possa avere con il reale deve accadere all'interno del contesto del rapporto che storicamente si è dato. Io non sono altro che un breve momento di un'interminabile storia d'amore fra l'umanità e il fondamento.

È questo il motivo per cui, nella Deep Philosophy, ci poniamo in rapporto agli scritti dei filosofi che ci hanno preceduto. Se vogliamo prendere parte all'incontro dell'umanità con ciò che è reale, bisogna porsi in una prospettiva storica. I testi della storia del pensiero filosofico fanno parte del continuo dialogo al quale desideriamo appartenere. Se vogliamo entrare in dialogo coi significati fondamentali, dobbiamo farlo in compagnia delle voci dell'umanità del passato.

La non-teoria della Deep Philosophy

La Deep Philosophy non è solo una pratica; essa possiede anche un sistema di idee teoriche riguardanti il significato di questa stessa pratica. Tuttavia, tale sistema di idee non è equivalente a una teoria.

Una teoria è una mappa coerente relativa a un dato argomento, mentre le idee della Deep Philosophy sono un sistema sfaccettato che non è pensato perché sia riducibile a una mappa organica.

Inoltre, la teoria di un'attività pratica verte *sulla* pratica, vale a dire che è separata dalla pratica e rappresenta quest'ultima dall'esterno; le idee della Deep Philosophy, al contrario, sono parte della pratica stessa. Esse vengono impiegate, nelle nostre sessioni, come materiale con cui far pratica – come se fossero testi che possiamo contemplare e modificare.

Proprio per questo si può dire che, mentre una teoria è uno schema fisso, le idee della Deep Philosophy sono sempre nel processo di essere riscritte. Le nostre idee "teoriche" sono semi che coltiviamo per mezzo della nostra contemplazione – semi da cui si svilupperanno le nostre pratiche future.

Inoltre, una teoria pone dei confini tra il vero e il falso, o tra ciò che è accettabile e ciò che non è accettabile, mentre le idee teoriche della Deep Philosophy non sono confini, bensì voci cui rispondere e con cui "entrare in risonanza". Esse sono come le frasi musicali di un concerto improvvisato di musica jazz, le quali stabiliscono la tonalità iniziale e il ritmo, invitando gli altri musicisti a rispondere con la propria creatività. Tali idee non propongono regole da seguire, ma solo un punto di partenza da cui proseguire in accordo con lo spirito da cui si è mossi.

È per questo che nella Deep Philosophy si ammette la pluralità e la si incoraggia, sia quando si fa pratica, sia nelle nostre riflessioni su di essa – non perché si voglia essere tolleranti, ma perché gli nostri incontri con la realtà fondamentale non sono altro che l'insieme polifonico delle molteplici voci dell'umanità.

Una teoria filosofica come porta su un mondo
Una teoria filosofica è un sistema di idee concepito, di norma, per descrivere (o "catturare") alcuni aspetti di base del nostro mondo. Per noi, però, se una teoria filosofica è profonda, è più di una descrizione astratta o di un prodotto intellettuale. Essa è espressione di un mondo di significati

fondamentali. In più, è essa stessa a darci le chiavi per entrare al suo interno.

Noi umani abbiamo la meravigliosa capacità di penetrare all'interno di mondi alternativi. Quando leggiamo un romanzo ci introduciamo, con la nostra fantasia, nel mondo di finzione che esso descrive: ci identifichiamo con alcuni dei protagonisti, entusiasmandoci per alcuni di loro, oppure provando felicità per le fortune di altri o tristezza per le disavventure di altri ancora – oppure siamo assaliti dalla paura o accarezzati dalla speranza a seconda dei vari accadimenti, come se fossimo noi stessi a vivere in quel mondo. A dir la verità non si è mai del tutto assorbiti da queste realtà, né si dimentica mai che il romanzo è una finzione o che si è seduti su una poltrona con un libro in mano. Ad ogni modo, grazie a qualche particolare facoltà mentale si riesce a penetrare, in una certa misura, nel mondo del romanzo.

In un modo simile, si può entrare nel mondo di un film o in quello di un gioco da tavolo e arrivare a provare forti emozioni connesse agli eventi che in essi si narrano, proprio come se questi stessero accadendo a noi.

Qualcosa di simile a questo accade con la contemplazione di testi, nel momento in cui si entra in un mondo filosofico – ossia nel panorama di idee delineato nel testo – e lo si esplora dall'interno. Qui non ci si limita a "pensare a" ciò che il testo comunica, ma si penetra in esso dal suo interno. Eppure, si verifica qui qualcosa di essenzialmente diverso. A differenza di quanto accade con un romanzo o con un film, il mondo in cui entriamo, nel caso di una contemplazione filosofica, non è composto da enti particolari – oggetti, persone, città, eventi, ecc. – ma da idee generali, da concetti, o, più precisamente, da significati. Se il testo con cui facciamo contemplazione è davvero filosofico, allora la realtà che esso ritrae è costituita da significati fondamentali – da ciò che noi chiamiamo "voci della realtà".

Per la riuscita della contemplazione, è necessario che si mantengano uno stato mentale e un atteggiamento appropriati. Non ci si deve concentrare sulle idee del testo in quanto tali, ma si deve "guardare attraverso di esse", in direzione dell'universo di significati che queste esprimono. Quando ciò riesce, il testo filosofico diviene allora una porta che consente al contemplatore di entrare all'interno di una realtà fondamentale e di immergersi in essa, come un'onda rifluisce nell'oceano.

Testi per la contemplazione

Non tutti gli scritti filosofici sono adatti alla contemplazione. Perché si possa utilizzare a tal fine, un testo deve essere profondo, vale a dire che deve puntare al di là di idee ben definibili; deve essere un testo che non può essere condensato in un riassunto o ridotto a una descrizione, bensì un testo che, mano a mano che ci si addentra in esso, continua a rivelare nuove sfaccettature e a mostrare sempre nuovi e profondi significati.

Tuttavia, anche se il testo è adatto alla contemplazione, può capitare anche che, a seconda dell'attitudine e dello stato mentale in cui ci si trova, esso non riveli la sua profondità. È probabile che la sua profondità non verrà mai scoperta se si prova ad analizzarlo, come osservatori esterni, da un punto di vista intellettuale. Ciò che si deve fare, piuttosto, è entrare nel mondo del testo e relazionarsi ad esso dall'interno, modificando il nostro normale stato mentale in modo da predisporlo all'ascolto interiore. Questo è ciò che facciamo nella contemplazione.

Non ogni testo, però, si lascia avvicinare per mezzo di un

ascolto interiore. Se un testo descrive un mondo di oggetti, allora esso mi costringe a rimanere un osservatore esterno – non posso infatti pensare a un oggetto dal suo interno. È per questo che un testo troppo oggettivo, che tratti di situazioni concrete, oppure che sia riducibile a concetti o a informazioni ben definiti, non è adatto alla contemplazione. Perché possa essere utilizzato per la contemplazione, un testo deve presentare un nuovo ordine del mondo che non sia governato dalla consueta dicotomia fra soggetto e oggetto, fra osservatore e osservato, fra pensatore e idee. Entrare in un tale testo significa entrare in un mondo in cui non si è più un soggetto psicologico che pensa "a" qualcosa. Solo in tal modo si viene trasformati in onde dell'oceano.

La polifonia degli scritti filosofici

Nella Deep Philosophy ci interessano tutti gli scritti filosofici, purché abbiano a che fare con la profondità della vita. Siamo poco attratti da quegli esercizi intellettuali che dimenticano la loro radice nella realtà viva – anche qualora vengano tradizionalmente considerati filosofici.

Ciò che cerchiamo, in un testo, è la profondità, non la correttezza fattuale. La profondità, prima di tutto, è una questione riguardante il luogo da cui il testo proviene: essa dipende da dove affondano le sue radici – se nei significati fondamentali della realtà umana oppure no, nonché dalla testimonianza, che esso può riuscire a dare, di tali significati inesauribili e germinali. Per noi, ciò da cui un testo trae la propria origine è più rilevante dell'argomento di cui tratta o di ciò che ha da dire di esso.

È per questo che, quando facciamo contemplazione con un testo, non ci interessa essere in accordo o in disaccordo col testo, né di stabilire se esso sia giusto o errato. Noi accogliamo i testi profondi come testimonianze della vita umana – proprio come una canzone è testimone del musicista che l'ha composta o che la canta. Li accogliamo come espressioni della ricca molteplicità di voci della realtà umana – alcune delle quali sono più chiare, altre più oscure, altre ancora più immediate e incisive, altre meno.

Queste voci della profondità possono presentare caratteri diversi a seconda dei vari scritti filosofici; nemmeno sotto questo rispetto, però, esse entrano in contraddizione l'una con l'altra. Hanno qualcosa in comune con la vasta gamma di suoni prodotti da una foresta: vi è il sibilo del vento che attraversa le cime di alberi di varie altezze, vi è il mormorio delle grandi foglie e il fruscio di quelle piccole e secche, lo scricchiolio dei tronchi degli alberi, il tonfo dei rami che cadono al suolo. La foresta non si limita a produrre un suono. La polifonia delle voci filosofiche – ossia delle voci della realtà umana – è come la polifonia di una foresta. C'è spazio per tutte le voci, le quali, assieme, si arricchiscono a vicenda.

Nella Deep Philosophy cerchiamo di divenire consapevoli di queste voci fondamentali. Esse, parlandoci da testi filosofici profondi, sono alla base di tutto ciò che nella realtà umana è significativo. Noi intendiamo entrare a far parte di questo eccezionale concerto polifonico.

Il potere del filosofare

Molti filosofi, nel corso della storia, ci hanno parlato del potere trasformatore della filosofia. Per Platone, essa ci trascina fuori dalla caverna in cui siamo imprigionati, mentre per i filosofi stoici aiuta a risvegliare il nostro vero io – che è quel "principio guida" che ci conduce lungo la via della ragione, della libertà interiore, dell'equanimità e dell'armonia col cosmo. Per Spinoza, il filosofare conduce alla quieta saggezza, che è amore intellettuale di tutto (o di Dio), mentre la filosofia poetica di Nietzsche ci invita a superare il nostro piccolo io. Bergson, da parte sua, ci apre gli occhi, con la sua filosofia, alle qualità olistiche della nostra coscienza, di cui solitamente non siamo coscienti. L'elenco potrebbe continuare.

Eppure, tutto ciò potrebbe apparire strano; alla filosofia, infatti, si è soliti associare lo studio di astratte idee universali, ben distanti da preoccupazioni quotidiane. Come potrebbe dunque la filosofia influenzare la nostra vita concreta?

La storia della filosofia ci indica almeno due modi in cui ciò può avvenire. Uno è quello della filosofia applicata: il filosofo discute un determinato problema in astratto, poi, dopo aver raggiunto alcune conclusioni sempre a livello astratto, applica queste ultime a situazioni concrete. Il filosofare, qui, rimane un'indagine astratta, condotta intellettualmente da un filosofo nel suo studio. Le conclusioni sono portate al livello della vita concreta solo a indagine terminata.

Il secondo modo è più diretto: qui il filosofare può influenzarci direttamente nel momento in cui esso accade, perché è l'attività filosofica stessa, e non un suo risultato finale, a esser capace di coinvolgerci. È essa stessa ad avere il potere di risvegliare la nostra sensibilità interiore e di aprirci alle realtà più profonde della vita. Vi sono stati infatti, nell'arco dei secoli, varie filosofie che hanno sviluppato metodi pratici per attivare questo potere, come, ad esempio, gli esercizi d'immaginazione degli stoici, le meditazioni neoplatoniche, gli scritti poetici dei filosofi romantici, eccetera.

La Deep Philosophy intraprende questa seconda via, in cui l'esplorazione delle idee filosofiche è parte del processo contemplativo. Fare filosofia ha un effetto su di noi, perché è la contemplazione ad averlo – i due aspetti, infatti, sono fusi in un unico momento. Tramite gli esercizi contemplativi, le idee agiscono nella nostra profondità interiore, stimolandoci e trasformandoci.

Capitolo 4

COMPRENSIONE ESPERIENZIALE

La contemplazione filosofica, che è l'attività centrale nella Deep Philosophy, è una forma di filosofia che è sia intellettuale che esperienziale. Da una parte, attraverso la contemplazione, ciò che otteniamo sono comprensioni riguardanti la vita o noi stessi; dall'altra, però, queste comprensioni comportano esperienze profonde, che assumono spesso la forma di un forte senso di preziosità ed autenticità. In effetti, in questi intensi momenti di contemplazione non vi è una chiara distinzione fra il comprendere e l'esperire; i due momenti sono fusi assieme.

Il risultato ottenuto, che può esser chiamato una "comprensione esperienziale", è esso stesso costituito da vari tipi di esperienze caratteristiche.

L'esperienza delle intuizioni preziose

Quando facciamo contemplazione con un testo filosofico, sia durante un esercizio organizzato, sia quando ci capita per caso di leggere un testo con calma e attenzione, può capitarci di sentirci improvvisamente abbracciati da una presenza silenziosa. Mentre assaporiamo le parole, può inoltre accadere che intuizioni inesprimibili inizino a balenare nella nostra mente, accompagnate da un senso di preziosità. Potremmo persino arrivare a non riuscire a trovare parole per descrivere ciò che ci sta accadendo. Nonostante ciò, siamo certi di vivere qualcosa di profondamente significativo.

Questo stato mentale è noto a tutti coloro che, pur appartenendo a tradizioni spirituali le più disparate, praticano la contemplazione di testi. Comune a tutte queste tradizioni è l'osservazione che la lettura di un testo, condotta con uno stato mentale particolarmente attento, può far nascere intuizioni significative. La *lectio divina* cristiana, una tecnica strutturata di lettura delle Scritture, ne è un esempio.

Tradizionalmente, a queste esperienze si danno interpretazioni di tipo religioso. Qualcuno può credere di aver percepito la voce di Dio, oppure che lo Spirito Santo gli ha parlato, ecc. Mettendo però da parte queste speculazioni, l'idea di base è inequivocabile: una lettura silenziosa e attenta di testi profondi può far nascere nuove comprensioni, difficili da articolare in parole, ma profondamente significative.

Quando questo ci accade, ci rendiamo conto di essere testimoni di qualcosa che ha un significato speciale. Non stiamo semplicemente provando un bel sentimento o pensando a qualcosa di interessante, ma stiamo scorgendo qualcosa di importante che ci coinvolge, ci risveglia, ci eleva.

Tali profonde comprensioni esperienziali suggeriscono l'esistenza di un aspetto del nostro essere che, solitamente, è inattivo e dormiente, che noi chiamiamo "profondità interiore". Una volta che sia stata fatta esperienza del suo risveglio – non necessariamente in modo travolgente, bensì, talvolta, in modo molto superficiale – si è ormai coscienti che vi sono aspetti della vita coi quali, di norma, non siamo in contatto. Qualcosa di estremamente prezioso si nasconde al di sotto della superficie delle nostre vite ordinarie, ma non tanto lontano da non poterlo raggiungere. Ciò che speriamo è di farne di nuovo esperienza, di esplorarlo, di essere testimoni dei nuovi orizzonti che esso ci apre. È questo a spingerci a proseguire nella pratica della Deep Philosophy.

L'esperienza della bolla

In quanto filosofi del profondo, noi ricerchiamo comprensioni preziose anche al di là del periodo limitato di una sessione di contemplazione. In effetti, nel mezzo delle nostre attività quotidiane, a volte può capitare che una "bolla" di comprensione risalga spontaneamente dalla profondità interiore, presentandosi come preziosa e significativa.

Questo accade a molti, sebbene pochi vi prestino attenzione. L'esperienza non è necessariamente eclatante – al contrario, può essere appena percettibile; poiché, però, essa è di un genere particolare, di solito suscita una certa meraviglia. Quando capita di farne esperienza, si può avere la sensazione di aver ricevuto una piccola comprensione di grande valore.

Ho usato il verbo "ricevere" perché, per noi, quest'esperienza non nasce come risultato di un'attività del nostro pensiero, ma ci giunge come una visita inaspettata. Questa nuova piccola comprensione si presenta alla nostra coscienza in modo imprevisto, come se provenisse da un altrove sconosciuto. Noi sentiamo che a generare questa nuova comprensione è qualche sorgente nascosta dentro di noi, posta oltre i nostri modelli abituali di pensiero, oltre la sfera della nostra mente familiare. La chiamiamo "bolla di comprensione", o semplicemente "bolla", perché si comporta come una minuscola bolla d'aria che, salendo dalle oscure profondità di un lago, raggiunge la superficie dell'acqua.

Non è semplice parlare di tali bolle, perché è molto arduo tradurle in parole. Quando proviamo a farlo, le nostre descrizioni sembrano mancarne l'essenza. Per fare un esempio tratto dalla mia personale esperienza, potrei descriverne una dicendo, per esempio: "Una cavalletta si è voltata verso di me, e io mi sono subito reso conto che entrambi, quell'insetto e io, apparteniamo al medesimo fiume della vita". Queste parole, però, appaiono banali, poiché non catturano né il senso di meraviglia da me vissuto, né il valore di quell'intuizione. Qualcosa di prezioso ho ricevuto, ma nel momento in cui provo a tradurlo in parole, svanisce.

Chiunque si ricordi di aver fatto esperienza di una di tali "bolle" sa che il loro significato o il loro pregio non può essere racchiuso in parole. Quello che vi è di prezioso e di significativo in una bolla non deriva semplicemente dal suo contenuto intellettuale, bensì, soprattutto, dal modo in cui essa si produce, nonché dal luogo, posto dentro di noi, da cui essa proviene. A parlare, in esse, è una realtà ineffabile del nostro essere, la quale non è traducibile in pensieri ordinari.

Si potrebbe essere tentati di interpretare queste bolle come se fossero "date" da qualche intelligenza aliena o da un essere superiore, specialmente se si è inclini a far congetture di tipo religioso o metafisico. Noi, però, non abbiamo bisogno di indulgere a speculazioni riguardanti l'origine di questa esperienza. La questione, qui, è molto più modesta: l'esperienza della bolla ci insegna che vi sono aspetti del nostro essere, solitamente dormienti, che si risvegliano solo di rado. Da questo deriva, perciò, che vi sono fonti di comprensione intellettuale, situate in noi, che vanno oltre il pensiero razionale.

Idee provenienti da altrove

Si assume, di solito, che i pensieri siano tutti uguali – ossia dei semplici pensieri. Si dà per scontato che essi nascano nella nostra mente tutti nello stesso modo e per mezzo della medesima facoltà di pensiero – qualunque essa sia. Ma se facciamo attenzione al nostro stesso pensiero e alle qualità dei pensieri nel momento in cui sorgono nella nostra mente, scopriremo che essi non sono tutti uguali fra loro.

Le "bolle" di intuizione ci insegnano che vi è una distinzione importante: da una parte vi sono i pensieri che ci si presentano come generati da noi stessi; dall'altra, vi sono quelli che ci appaiono come sopraggiungenti da un luogo posto oltre il controllo dell'io.

I pensieri del primo tipo sono talmente comuni che non ci prendiamo quasi mai la pena di occuparcene. Essi includono non solo quei pensieri prodotti dal nostro sforzo deliberato di pensare, ma anche quelli che pensiamo senza farvi molta attenzione, oppure quelli che sono al centro del nostro interesse, o quelli, infine, che fanno parte del chiacchierio di fondo che normalmente ronza nelle nostre menti. Nessuno di questi pensieri ci stupisce; si può dire, senza paura di sbagliare, che tali pensieri sono *miei* e che sono io stesso a produrli. La loro caratteristica di "esser-miei" è simile, più o meno, al modo in cui io sperimento i movimenti delle mie mani – sia quelli che compio in modo volontario, sia quelli che avvengono senza che io ne sia del tutto consapevole. In entrambi i casi, ne faccio esperienza come di qualcosa che è una mia azione, al contrario di quelle contrazioni involontarie – i cosiddetti tic – che io sperimento come un atto che il mio corpo compie da sé.

Al contrario, vi sono alcuni momenti particolari in cui un pensiero mi si materializza nella mente come se provenisse da un altro posto. Un esempio ovvio è la "bolla" che appare alla mente in modo inaspettato, come ho descritto sopra. Ma questo non è il solo esempio che si possa portare. Un altro è quello di una scrittura ispirata, quando le parole si formano da sé nello scrittore, talvolta anche facendosi strada con forza nella sua mente, quasi travolgendola. Tali esperienze, pur essendo differenti dalle bolle di ispirazione che ci arrivano ogni tanto, conducono anch'esse alla medesima conclusione: alcune delle nostre idee emergono da uno spazio insolito del nostro essere, distinto dal punto in cui si origina il nostro pensiero ordinario. A differenza del pensare ordinario, queste idee non sono sotto il controllo dell'io; rispetto ai pensieri ossessivi, però, esse non si impongono a noi con la forza. Al contrario, riversano in noi un senso di preziosità, libertà, abbondanza.

Che cos'è questa sorgente di idee nascosta dentro di noi? Qualunque cosa sia, noi la chiamiamo "profondità interiore". Anche se si tratta di una metafora, essa non è arbitraria. Con tale espressione vogliamo indicare qualcosa di paragonabile a radici nascoste che, affondando nel terreno, permettono la crescita di fiori e alberi – e a sorgenti sotterranee che, dal ventre della terra, portano acqua in superficie.

L'esperienza del reale

Un'esperienza centrale nella contemplazione filosofica è quella della percezione di una realtà accresciuta. Quando facciamo contemplazione con un testo, con l'attenzione rivolta al nostro interno, talvolta abbiamo la sensazione che tutto ciò che è in noi e attorno a noi – i nostri pensieri, i nostri sentimenti, la consapevolezza del nostro corpo, la nostra esperienza dell'ambiente che ci circonda – acquisisca un forte grado di realtà, molto più elevato del solito.

È difficile spiegarlo a chi non ha mai avuto tale esperienza. Nelle nostre vite quotidiane, tutte le nostre esperienze ci appaiono egualmente reali. L'esser reale di un sapore nella mia bocca è lo stesso di quello posseduto da una melodia nelle mie orecchie; allo stesso modo, il mio mal di testa è reale quanto un mio prurito. Pare dunque non abbia alcun senso chiedersi quali di queste realtà siano "più reali". Anche se una di esse può essere più intensa delle altre, di certo non possiede una maggiore realtà rispetto alle altre. Nella nostra vita quotidiana, la realtà non si presenta in gradi.

Eppure, in alcuni momenti particolari abbiamo la sensazione che si manifesti una realtà più grande. I mistici riportano l'esperienza di un eccezionale livello del reale che sovrasta o sopraffà il loro essere, mentre filosofi della religione come Rudolph Otto e William James descrivono tale esperienza come un elemento centrale nella vita della persona religiosa. Un'esperienza simile a queste accade quando, in certi momenti preziosi vissuti nell'immersione nella natura, percepiamo la vastità di quest'ultima, assieme al sentimento di una possente quiete che, pervadendo la nostra interiorità, rende tutto ancor più ricolmo di reale.

Qualcosa di simile accade quando, in momenti di profonda contemplazione, ci sentiamo pervasi dalla forte percezione di una realtà che ci avvolge. A differenza, però, di molte esperienze religiose o di quelle legate al rapporto con la natura, le esperienze contemplative coinvolgono non solo il sentimento, ma anche la comprensione. Al culmine della contemplazione di testi filosofici i nostri pensieri e le nostre intuizioni possono traboccare di una realtà potente – come se, per così dire, il loro significato avesse un peso speciale e il loro grado di realtà fosse più grande di quello di semplici idee astratte.

Non vi è bisogno di interpretare queste esperienze alla lettera come se manifestassero entità metafisiche, ma è essenziale che non si ignorino le loro speciali qualità, né che le si rigettino. Tali esperianza, infatti, indicano che, durante questi momenti, qualcosa di speciale accade in noi, e che un aspetto dormiente del nostro essere si attiva e si rivela.

Le esperienze della profondità interiore, della preziosità, dell'abbondanza

Il senso del reale è accompagnato, solitamente, da altre esperienze, come quelle della profondità interiore, della preziosità e dell'abbondanza.

Viviamo l'esperienza della profondità interiore quando percepiamo che un aspetto nascosto del nostro essere si sta risvegliando in noi e sta rinvigorendo tutto il nostro essere. In questi momenti, sentiamo di essere in contatto con l'origine del nostro stesso io. La frammentazione che di solito ci caratterizza è scomparsa, e ora al suo posto vi è un unico centro a unificarci, più originario rispetto alla molteplicità delle chiacchiere della nostra mente, dei nostri sentimenti e delle nostre azioni. Questo centro interiore era familiare agli antichi filosofi ellenisti della scuola stoica. Essi lo chiamavano "principio guida" e lo consideravano come il vero centro dell'essere umano, che guida quest'ultimo sulla via della saggezza e dell'armonia col cosmo.

L'esperienza della profondità interiore è spesso accompagnata da quella della preziosità, molto comune nella contemplazione filosofica. In questi momenti sentiamo che le nostre intuizioni e le nostre esperienze hanno un valore e una perfezione speciali, come se fossimo immersi in una gemma preziosa, in una sfera di preziosa armonia, in cui tutto è perfetto.

La percezione della profondità interiore e della preziosità sono associati anche all'esperienza dell'abbondanza. In questo caso si ha la sensazione di essere animati da una fonte di energia creativa che fa nascere in noi molteplici intuizioni e comprensioni. Nuove idee si affacciano alla mente da una sorgente sconosciuta, profonda e sorprendente – idee che possiamo solo ricevere e lasciare che agiscano al nostro interno.

Poiché tutte queste esperienze si danno spesso in connessione le une con le altre, distinguerle è, in un certo modo, un atto arbitrario.

L'esperienza della polifonia dei significati

Normalmente, quando leggiamo un testo contenente teorie o affermazioni di vario genere – un resoconto di giornale, un articolo, un'analisi politica – la nostra tendenza immediata è quella di valutarlo, giudicandolo o vero o falso, o, almeno, probabile o improbabile. Possiamo accettarlo o metterlo in dubbio, oppure rigettarlo del tutto; o, ancora, possiamo trovarci in accordo o in disaccordo con esso e, anche quando sospendiamo il giudizio, possiamo riservarci la facoltà di giudicarlo in futuro.

Accade qualcosa di molto differente, però, quando si fa contemplazione con un testo filosofico. Qui, si sta in attento ascolto del testo, senza formulare giudizi – così come accade quando si ascolta una poesia o una musica; si è catturati dallo scorrere delle idee, dal loro significato e dalla loro profondità, ma non le si giudicano vere o false. In tal modo si percepisce una polifonia di significati che risuona nelle nostre menti.

Tutto ciò può sembrare insolito. Come è possibile, infatti, riflettere su un testo o su un'idea filosofici senza chiedersi se siano accettabili o no? Dopo tutto, si ha qui a che fare con affermazioni riguardanti la realtà, le quali debbono pur essere o vere o false. Il loro proposito originario è quello di dichiarare che proprio ciò che esse affermano è il modo in cui le cose stanno.

È evidente allora che nella contemplazione noi non trattiamo un testo filosofico come se fosse una serie di asserzioni sul mondo. Non lo consideriamo un tentativo di ritrarre ciò che è la realtà, né ci interessa la corrispondenza fra il testo e il mondo. Ciò che ci interessa, piuttosto, è il modo in cui il testo agisce in noi, è la danza delle idee suscitate in noi, nonché il modo in cui esse entrano in risonanza con la nostra personale esperienza di vita.

Tutto questo, però, richiede una disposizione interiore di un tipo speciale. Infatti, possiamo fare esperienza della polifonia di significati di un testo soltanto se ci tratteniamo dal giudicarlo e iniziamo ad apprezzare le sue parole e le sue idee mentre risuonano nella nostra mente. Questa è la funzione delle nostre tecniche di contemplazione.

Il valore delle esperienze contemplative

La contemplazione di idee filosofiche è accompagnata da esperienze che percepiamo come profondamente significative e gratificanti. Non le perseguiamo però perché ci paiono buone, ma perché, grazie ad esse, possiamo entrare in rapporto con quella più ampia realtà di cui siamo alla ricerca. Qui l'analogia con l'amore è istruttiva: gli amanti possono certo godere dell'esperienza dell'amore; non è questo, però, il motivo per cui essi desiderano la presenza dell'amato. Se si è veramente innamorati, lo si è della persona amata, non dei sentimenti. Al contrario, se ciò che preoccupa è la dolcezza dei propri sentimenti, allora l'amore che si prova non è vero amore. Allo stesso modo, nella Deep Philosophy noi facciamo contemplazione perché bramiamo l'incontro col nostro amato – che è il fondamento della realtà nella sua effettività.

Il desiderio di un contatto con il reale è un bisogno umano universale, che si ritrova anche nelle religioni, nelle scienze, nella poesia, nelle arti, nella filosofia tradizionale. Tuttavia, la filosofia contemplativa si distingue da molte altre forme di filosofia, poiché è una ricerca del fondamento della realtà non solamente per via di esperienza, né solo per via di comprensione, bensì per entrambe queste vie, tramite una comprensione esperienziale.

Capitolo 5

SPECULAZIONI SU ORIZZONTI PIÙ AMPI

Mi sia permesso ora di riflettere sul significato più ampio della contemplazione filosofica – non perché io abbia grandi verità da proclamare, bensì solo perché intendo fornire ulteriori temi utili alla nostra musica di idee, i quali, in qualche modo, possano arricchire la nostra comprensione della Deep Philosophy. Non pretendo che queste mie riflessioni siano accettate come verità – ciò che riguarda la profondità non può essere catturato in teorie. Le mie vogliono proporsi, piuttosto, come voci di una comprensione polifonica cui si può prestare ascolto al modo in cui, nella contemplazione, si è soliti accostarsi a un testo – vale a dire senza esprimere accordo o disaccordo.

Follia filosofica
Siamo seduti assieme a fare contemplazione con un testo – un testo di filosofia. Non si tratta di poesia, di letteratura, di storia, di affari del mondo, ma di filosofia. Perché?

La risposta è che noi cerchiamo le radici più profonde del nostro essere, e la filosofia si occupa proprio del fondamento. Essa non si interessa di questa persona o di quell'evento particolari, né di questa città o di quell'isola; essa tratta, bensì, di ciò che vi è di più essenziale e universale. I filosofi cercano ciò che è il fondamento.

È il fondamento ciò che tradizionalmente i filosofi hanno indagato per secoli, provando a catturarlo con le loro teorie. Per noi, però, che apparteniamo alla Deep Philosophy, una teoria è troppo astratta e troppo remota. Noi siamo innamorati, siamo malati dell'Eros platonico per ciò che è reale. Una serie di teorie che ruotano attorno a ciò che amiamo non estinguerebbe la nostra sete. Noi vogliamo che la realtà si faccia presente in noi e parli nella nostra profondità interiore. "Profondità interiore" è il nome del luogo in cui ciò che è reale giunge a noi coi suoi significati fondamentali.

Sappiamo bene che potremmo esser considerati dei sognatori. Qualcuno potrebbe pensare che sia un'insensatezza e persino una pazzia sognare di toccare il reale – e forse avrebbe ragione. Meglio però esser pazzi sognatori che freddi pensatori professionisti che si accontentano di modesti giochi logici. Infatti, è grazie a questa nostra follia appassionata che noi diveniamo davvero reali, ed è proprio grazie ai nostri sogni riguardo a ciò che è la realtà che noi giungiamo a tale realtà. Gli aneliti possono essere più profondi ed arrivare più lontano di ponderate astrazioni.

La nostra è una sorta di folle brama filosofica. Filosofica, perché usiamo teorie filosofiche per raggiungere la profondità – anche se, in effetti, cerchiamo di andare oltre la filosofia e giungere a quelle voci fondamentali che vivono prima di ogni teoria. Per mezzo della contemplazione noi intendiamo portarci verso il fondamento – per quanto ciò sia umanamente possibile, o nei limiti di quanto ci consentano le nostre capacità.

Con l'umiltà di coloro che sanno di esser folli, noi affermiamo quanto segue: la Deep Philosophy vuole cogliere le profondità che si estendono al di là della filosofia. Con la contemplazione di testi filosofici, noi ci spingiamo al di là di ogni testo.

Riverenza filosofica

Nella contemplazione di un'idea fondamentale io mi rendo vuoto, lasciando che una comprensione profonda si dischiuda in me. Questo è un atto filosofico, perché mi dirige verso il fondamento. Inoltre, è anche un atto della profondità, poiché attinge al profondo. Si potrebbe usare l'intelletto per mettere in parole questa profonda comprensione; essa stessa, però, non appartiene all'intelletto, bensì alla profondità.

La profondità non è mai la mia profondità. Non è qualcosa che io possegga o controlli, perché è parte di una sfera più vasta. È questo il motivo per cui un filosofare autentico, che scenda verso la profondità, è qualcosa di prezioso e persino sacro: esso è manifestazione di una comprensione le cui radici si estendono ben oltre il mio io. Per mezzo di esso, io mi stabilisco nella presenza di una realtà avvolgente.

L'atto di filosofare in profondità, però, ha valore anche per un altro motivo: esso risponde all'anelito ad andare oltre se stessi, per divenire parte di un orizzonte più grande. Chi filosofa potrebbe non sapere che, se è impegnato in un filosofare genuino che coinvolge la profondità, allora sta trascendendo i suoi confini individuali in un atto di venerazione dell'oceano più vasto che lo avvolge.

Si potrebbe dire che un genuino atto di un filosofare profondo è come una preghiera che non si rivolge ad alcun dio. Non importa se si crede o no nella preghiera: il punto, qui, è la disposizione interiore che ci anima, non quale interpretazione retroattiva si dà di ciò di cui si è fatto esperienza.

Testimonianze filosofiche

Da una parte, ogni testo filosofico viene composto in un determinato momento della storia e da una determinata persona – i testi non vedono la luce da soli. D'altra parte, però, ciò che lo scrittore mette su carta sorge da un ambito che è più ampio del suo piccolo io individuale. Dopo tutto, non ci si inventa la propria vita, ma ci si trova già immersi in essa. Un testo, perciò, può esprimere una gamma di voci più ampia dei pensieri stessi di colui che scrive.

Molti testi, certamente, sono semplici prodotti delle forze psicologiche, dei sentimenti o dei meccanismi di pensiero che dominano l'esistenza degli scrittori stessi, nonché dell'influenza fortuita dell'ambiente particolare in cui essi vivono. Tali sono molti articoli di giornale, romanzi, storie d'amore, persino saggi filosofici tradizionali: molti di essi non sono abbastanza penetranti da essere in grado di attingere alle profondità della realtà umana.

Alcuni testi filosofici, tuttavia, possiedono qualcosa in più – un potere unico. La filosofia si interessa agli aspetti fondamentali del nostro mondo. Ciò significa che, se un filosofo si impegna a scrivere la sua opera *dal* fondamento di cui sta scrivendo ed è capace di scrivere di tale fondamento ponendosi in risonanza con esso, allora potrà dar voce a questo più grande oceano, riuscendovi più o meno bene a seconda delle sue capacità e sensibilità.

Quando un'onda si muove in risposta ai moti dell'oceano, il suo movimento particolare è una testimonianza di quei moti più grandi. Se quell'onda potesse scrivere, le sue parole sarebbero una testimonianza dell'oceano. Analogamente, alcuni testi di filosofia sono testimonianze dell'oceano della realtà fondamentale, a patto che vengano letti come testimonianze. Essi portano con sé i suoni delle sue correnti, se si sa come ascoltarli.

È ovvio, però, che non tutti i testi filosofici appartengono a questo tipo. Molti non sono altro che acrobazie intellettuali. Ogni tanto, però, si trovano anche in queste pagine alcuni paragrafi che offrono una testimonianza di qualcosa di più grande. In questi casi, se si sa come leggerli, si possono percepire i suoni dell'oceano.

Nella Deep Philosophy scegliamo nel seguente modo i testi con cui fare contemplazione: si leggono svariati scritti filosofici, così da trovarvi una manciata di gemme preziose – un paio di pagine o magari un intero capitolo – che possano costituire una testimonianza del risuonare dell'uomo in risposta all'oceano della realtà.

Il reale è indispensabile

Qualcuno potrebbe chiederci: "Che cos'è questa realtà che voi, filosofi del profondo, state cercando? Come potete capire che l'avete incontrata, o quando la state anche solo avvicinando?"

L'onesta ci impone di soffermarci su questo punto. Qualsiasi discorso sulla "realtà fondamentale" potrebbe mostrarsi troppo presuntuoso. Sebbene tali parole vengano utilizzate nel loro senso puramente umano – ossia nel senso di una "realtà che è accessibile agli esseri umani" – esse sono pur sempre pretenziose. Anche limitandoci al fondamento della realtà *umana*, ogni discorso sul fondamento dovrebbe essere trattato con un sano sospetto.

Non intendiamo affatto parlare di un reale inteso come qualcosa di indipendente che si trovi da qualche parte, in attesa solo di essere scoperto. Non vogliamo pensare il reale come se si trattasse di un oggetto dei nostri pensieri e delle nostre teorie. La realtà che io testimonio è già manifesta dentro di me. Non è qualcosa che stia fuori di me, né è un sentimento soggettivo presente in me; essa, infatti, abbraccia sia l'interno che l'esterno. La realtà, dopo tutto, è la radice di qualsiasi cosa, è onnipresente, è in me e fuori di me. È per questo che, in momenti particolari, quando si manifesta in me, essa appare come una presenza che è ovunque, come il valore di ogni cosa, come l'effettività della realtà, di cui io stesso sono parte.

Se tutto questo discorso sul "reale" può sembrare ad alcuni ancora problematico, allora io dirò che non riesco a disfarmene senza, con ciò, perdere me stesso. Non riesco a fare a meno della mia brama di realtà o del mio bisogno di realtà come se fossero finzioni, né riesco a considerare la millenaria ricerca umana della verità come una mera illusione, poiché è essa a dar forma a ciò che io stesso sono.

Voci oltre il testo

Sono seduto a fare contemplazione con un testo filosofico. Il tema del brano che leggo può essere una teoria dell'amore, della libertà, oppure della bellezza, o altro; il tema dell'atto stesso di contemplazione, però, è più profondo: è la realtà umana che ha dato origine a tali idee astratte. Le idee stesse sono certo rilevanti, ma solo in quanto mezzi che mi guidano al di là di me stesso, in direzione di quei significati fondamentali che si trovano alla loro base. Un'idea è un oggetto dell'intelletto espresso in parole; i significati fondamentali, invece, sono voci della realtà stessa – sono più originari delle parole, dei concetti, delle teorie.

È per questo che, nell'atto contemplativo, si trovano riuniti due momenti che vanno sempre assieme: il primo è quello della comprensione delle idee filosofiche; il secondo è quello che, partendo da queste idee, si muove verso i significati fondamentali che si trovano al di là di esse.

Il primo punto riguarda le idee: esse sono unità intellettuali che la mente deve afferrare, manipolare, applicare, e infine trasmettere ad altri per mezzo di discorsi o scritti. Tali unità intellettuali, tuttavia, mancano ancora di un fondamento nella realtà umana. Esse possono avere un contenuto semantico, ma sono ancora prive di un significato, perché, pur descrivendo e rappresentando determinati fatti oggettivi, non sono ancora radicate nell'oceano che dà vita a ciò che è vivo. La significatività, come è anche il caso dell'abbondanza e della preziosità, non è qualcosa che si possa descrivere – certamente non dall'esterno – bensì è qualcosa da ricevere e da vivere. Pertanto, le idee filosofiche – se posseggono una qualche profondità, ossia se sono qualcosa di più di meri costrutti intellettuali – sono testimonianze di significati originari, prima che questi vengano oggettivati in idee e strutturati in modo da poter essere colti dalla mente.

Noi facciamo contemplazione con testi perché non possiamo attingere direttamente ai significati fondamentali. Non possiamo portarli alla mente come facciamo con un concetto o con una frase, perché essi non sono affatto oggetti mentali. Grazie al testo, però, se la contemplazione avrà successo essi diverranno parte di noi.

Comprensione tramite partecipazione

Come filosofi del profondo noi ricerchiamo quei significati fondamentali che chiamiamo "voci della realtà". Non potendo catturarli e racchiuderli in teorie, scegliamo di cantare assieme ad essi, prendendo parte alla polifonia dei loro canti.

"Prendere parte" è il nostro modo di comprendere la musica dei significati fondamentali. Ciò che non si può trasformare in un oggetto del pensiero, ciò che non si può pensare, è però ciò con cui si può cantare assieme. Il violino comprende il flauto suonandovi assieme e accompagnandolo in modo appropriato. Se si vuole capire un'orchestra, possiamo suonarvi assieme – anche se solo come semplici ascoltatori che cantano mentalmente la melodia.

L'onda non si preoccupa di osservare l'oceano dall'esterno. Essa si muove assieme ai movimenti dell'oceano, lasciando che questi interagiscano con il suo proprio essere; in questo modo, essa riesce a dar voce a ciò che è originario – all'acqua dell'oceano.

Il senso del reale

Dalla prospettiva di una quotidianità tediosa, il reale potrebbe apparire appena avvertibile. Una sedia è reale, il mio colpo di tosse è reale, un sorriso è reale, il rumore della strada è reale – non è così? Il reale è reale; pare che non vi sia nulla di interessante da dire al suo riguardo.

Solo in momenti in cui il reale si mostra più intensamente del solito io posso scoprire quanto effettiva, maestosa e preziosa possa essere la realtà. Improvvisamente, tutto diviene concreto come raramente era stato prima, tutto è intensamente ma delicatamente presente, tutto è traboccante di silenzio – e anch'io faccio parte di tutto questo. Eppure, niente del mio mondo è cambiato: tutti i fatti e gli oggetti sono esattamente ciò che erano prima – ovunque vi sono gli stessi colori e le stesse forme; ora, però, sono più reali.

Che cos'è questa realtà? Non è qualcosa da definire, bensì solo da attestare. Il reale non è oggetto del pensiero o di descrizioni, né è un contenuto che la mente possa afferrare; è per questo che il reale non modifica gli oggetti che io percepisco attorno a me. Neppure è riconducibile a un'emozione; anzi, in questi momenti le emozioni stesse sono messe a tacere. Il reale mi abbraccia, avvolgendo il soggetto e l'oggetto, il pensatore e il pensiero, la mente e il suo contenuto.

Tali momenti si possono manifestare spontaneamente, per esempio durante una passeggiata silenziosa nella natura, oppure mentre si ascolta una musica sublime, o anche mentre ci si trova nel mezzo di una giornata piena di impegni. Ma quando si verificano durante la contemplazione di un testo, tali momenti sono ben più di realtà banali – sono carichi di significato. La contemplazione porta alla luce significati originari nella loro realtà assoluta.

Più che semplice psicologia

Come posso pretendere di contemplare l'oceano della realtà? Io sono un semplice essere umano, racchiuso nella mia ristretta psiche umana, quasi un nulla rispetto all'universo.

Eppure, non sono completamente imprigionato nella mia piccolezza. Io so entrare in armonia con sfere più grandi, che si trovano oltre i miei stretti confini. Tramite questa capacità, realtà più grandi si manifestano in me, così come il vento si manifesta, in un campo, nel tremolio di piccoli fiori.

Io non sono semplicemente un meccanismo psicologico, perché la mia profondità interiore è aperta a realtà più grandi. È grazie a tale apertura che posso contemplare: lasciando andare le opinioni che possiedo in quanto soggetto psicologico, metto a tacere il mio pensiero automatico e, in silenzio, presto ascolto alla profondità. Ora, in rapporto con le voci della realtà, posso muovermi con esse, così come un piccolo fiore si muove assieme alla brezza che gli soffia attorno.

Parte B

LE ORIGINI DELLA DEEP PHILOSOPHY

Qualsiasi tentativo filosofico di indagare il fondamento dell'esistenza umana – come è anche la Deep Philosophy – appartiene a una storia di idee, a carattere sia personale che culturale, che ha inizio ben prima della sua nascita. Ogni indagine di tal genere ha origine in un momento specifico della vita di singoli pensatori e in un determinato momento storico.

Si comprende, perciò, che la conoscenza delle origini storiche del nostro modo di filosofare può fornire una comprensione più piena dello stesso. Si deve ammettere, però, che talvolta le origini si possono del tutto ignorare, specialmente quando si tratta di filosofie caratterizzate da un elevato grado di tecnicismo e astrattezza. Nella maggior parte dei casi, esse possono essere considerate come sistemi di pensiero relativamente indipendenti, comprensibili anche indipendentemente dalla loro storia.

Tuttavia, l'adozione di un punto di vista astorico è meno indicata nel caso di quelle filosofie che cercano di esplorare la vita concreta così come essa viene vissuta. Queste filosofie, infatti, sono di solito il riflesso di particolari esperienze personali e culturali, nonché di presupposti, desideri e difficoltà, che devono essere presi in considerazione affinché si possa giungere a una piena comprensione della filosofia in questione. Un tale punto di vista è ancor meno appropriato nel caso della Deep Philosophy, nella quale si attua un dialogo stretto fra il soggetto filosofante e la vita. Tale dialogo è sempre inserito all'interno di una specifica situazione personale e storica, dal quale è influenzato.

Inoltre, la Deep Philosophy è storica per sua stessa natura: quando facciamo contemplazione con testi della storia del pensiero filosofico, noi non facciamo che entrare in dialogo con pensatori della storia. È il nostro sforzo di metterci in relazione col fondamento della nostra esistenza tramite voci del passato a rendere la Deep Philosophy parte del grande dialogo dell'umanità con ciò che è reale.

Capitolo 6

IL GRUPPO DEEP PHILOSOPHY

La Deep Philosophy è stata fondata da un piccolo gruppo internazionale di persone che si sono date il nome di "gruppo Deep Philosophy". Per comprendere la natura della Deep Philosophy, dobbiamo ora capire come queste persone lavorano e vedere come le loro indagini e le loro idee abbiano modellato tale movimento. Ovviamente, io posso raccontare le mie esperienze meglio di quelle dei miei compagni. Anche se sono riluttante a parlare della mia vita personale, penso che raccontare alcune delle mie esperienze possa contribuire a gettar luce sulla storia del gruppo Deep Philosophy.

Prime aspettative

Come molti giovani studenti, anch'io mi iscrissi all'università con la vaga ambizione di arrivare a comprendere il significato dell'esistenza umana. Decisi di prendere la doppia laurea in filosofia e in psicologia. Nei primi anni entrai in contatto con molte idee stimolanti; tuttavia, come accade a tanti studenti, anch'io iniziai in breve tempo a percepire un'ambivalenza preoccupante, che mi avrebbe accompagnato per molti anni. Da una parte, ero affascinato dai tentativi dei filosofi di affrontare le grandi questioni della vita: cosa possiamo sapere sul mondo? Cos'è la mente e cosa la coscienza? Cos'è il vero amore? Cosa significa essere liberi o autentici? D'altra parte, le idee filosofiche che andavo via via incontrando mi apparivano troppo astratte e troppo distanti: sentivo che non parlavano all'essere umano in carne ed ossa, né che gettavano luce sulla sua vita concreta. Non mi pareva che riguardassero la vita, ma solo un'astrazione della vita impoverita a mancante di realtà concreta.

Alcuni studenti che vivono una frustrazione simile alla mia finiscono per abbandonare gli studi filosofici e scegliere altri indirizzi. Io perseverai perché, nonostante la mia insoddisfazione, continuavo a sperare di trovare un tipo di filosofia che avesse un valore per la persona. Sempre in bilico tra speranza e disillusione, completai i miei studi di dottorato negli Stati Uniti e poi iniziai a insegnare filosofia in una università. Lavoravo nel campo della filosofia della psicologia, pubblicando articoli professionali e partecipando a conferenze; in tutto questo periodo, però, la mia sete di una filosofia più significativa per l'essere umano continuava a tormentarmi.

Giunsi a percepire una scissione tra vita e filosofia: la vita concreta ci offre ricche e profonde esperienze – di fronte alla natura, nei rapporti di amicizia e in quelli sentimentali, nel mondo del lavoro, nell'ambito della letteratura e delle arti. La filosofia, al contrario, propone solo teorie e riflessioni di tipo intellettuale. Mi chiedevo perché mai non si potessero mettere assieme questi due aspetti, in modo da formare un unico momento. Si è forse costretti a scegliere tra il vivere e il comprendere la vita? Io volevo mettere assieme questi due aspetti. Ciò che desideravo era di entrare in contatto con la vita per mezzo di una forma vivente di saggezza.

Nei primi anni novanta, quando insegnavo in una università del Texas, sentii parlare di "*counseling* filosofico", una nuova pratica che, iniziata dieci anni prima in Europa, veniva praticata da due piccoli gruppi, uno in Germania e uno in Olanda. La sua influenza sul pubblico, in quegli anni, era ancora trascurabile; quando seppi, però, che con essa si mirava a rendere la filosofia rilevante per chiunque, il mio interesse si risvegliò. Con entusiasmo mi recai due volte in Europa, dove incontrai i due gruppi. Sebbene mi fossi presto reso conto che stavano ancora muovendo i primi passi, mi sentii del tutto in sintonia coi loro obiettivi.

La loro attività principale era quella del *counseling* individuale, che consisteva in un incontro faccia a faccia tra un *counselor* filosofico e un cliente. Il *counselor* filosofico, come un normale *counselor* psicologico, incontrava il cliente per una serie di sessioni, durante le quali i due discutevano dei problemi e delle difficoltà del cliente. Per distinguersi dagli psicologi, questi primi *counselor* filosofici cercavano di sviluppare un dialogo che fosse di natura filosofica; a me, però, non pareva che riuscissero ad ottenere buoni risultati. Per prima cosa, il loro *counseling* sembrava prendere troppo in considerazione i problemi personali del cliente – come già accadeva con la psicoterapia – tralasciando del tutto le questioni fondamentali della vita; ma la filosofia si occupa proprio di queste ultime.

Nonostante avessi qualche dubbio, decisi di unirmi a questa impresa, provando a sviluppare un *counseling* filosofico che fosse veramente filosofico e, inoltre, che potesse costituire quel punto di incontro, che da tempo speravo di trovare, fra il discorso filosofico e l'esistenza umana concreta.

Imbarcatomi dunque con grande energia in questa impresa, iniziai a sviluppare una mia versione di *counseling* filosofico, che inizialmente sperimentai con volontari, poi, più tardi, con clienti paganti. Le reazioni di questi ultimi furono positive, sebbene fosse difficile stabilire se ciò dipendesse dal contenuto filosofico che, presumibilmente, il mio *counseling* possedeva. In breve tempo consolidai la mia concezione di *counseling* filosofico, pubblicando articoli e tenendo conferenze e presentazioni. Concepii ed organizzai anche la Prima Conferenza Internazionale sul Counseling Filosofico, tenutasi nel 1994 all'università della Columbia Britannica, in Canada. Poco dopo, quando l'idea di *counseling* filosofico (o pratica filosofica) iniziò a diffondersi, nuovi gruppi di pratica filosofica cominciarono a nascere in vari paesi europei e nord-americani. Iniziai anche a tenere un corso di *counseling* filosofico all'università di Haifa, in Israele. In breve tempo apparvero nuove pubblicazioni e videro la luce nuove attività di colleghi praticanti filosofici.

Nonostante questi sviluppi, sempre più preso da disillusione iniziai a distanziarmi dalla mia attività precedente. Mi preoccupava il fatto che il *counseling* filosofico (o "philosophical practice", come iniziò poi a chiamarsi negli Stati Uniti) fosse troppo intellettuale e distante, come lo era già la filosofia accademica. Analizzare le esperienze personali dei clienti è pur sempre uguale a trattare la vita in modo intellettuale.

La situazione peggiorò quando iniziai a chiedermi se questo tipo di *counseling* fosse davvero filosofico. Fare filosofia, come è stato in Occidente per più di 2600 anni, significa esplorare i problemi generali della vita; non significa affatto discutere problemi personali di un determinato individuo; neppure consiste nell'analizzare i problemi sul lavoro o i contrasti col coniuge di una persona particolare, bensì nel cercare di comprendere le questioni fondamentali della vita e della realtà.

Mentre continuavo a cercare il modo migliore per rendere il mio *counseling* davvero filosofico e allo stesso tempo concretamente personale, arrivai a comprendere il valore dell'utilizzo degli scritti filosofici nel mio lavoro con le persone.

Brevi testi tratti dalla storia del pensiero filosofico possono costituire una ricca risorsa di saggezza e uno stimolo per la comprensione di sé, purché siano usati non come autorità da seguire, ma come semplice materiale da rielaborare e utilizzare in modo personale. L'utilizzo di testi filosofici mi sembrava un buon passo avanti verso l'individuazione di un collegamento fra la mia attività e lo spirito della filosofia. Dopo tutto, la filosofia è un discorso che ha un carattere storico, nel quale dei pensatori rispondono ad altri pensatori, sia loro contemporanei, sia del passato. Non si può fare seriamente filosofia, nel significato che questo termine ha in Occidente, senza entrare in contatto coi filosofi più rilevanti del passato, ignorandoli come se non fossero mai esistiti. Non ci si può inventare una filosofia dal nulla.

Fu così che, nelle mie consulenze individuali, iniziai a sottoporre ai miei consultanti dei brevi testi che potessero essere impiegati come punti di partenza per un'indagine su di sé. Poiché avevo cominciato a lavorare con gruppi di persone, mi misi a sviluppare anche un metodo di autoriflessione filosofica per gruppi, nella quale i partecipanti utilizzassero idee della tradizione filosofica come punti di partenza per un esame della propria vita e delle proprie esperienze. Ogni partecipante avrebbe dovuto raccontare agli altri esperienze e intuizioni rilevanti, al fine di raggiungere, con ciò, una più profonda comprensione di sé.

Allo stesso tempo, nei miei scritti e nelle mie conferenze esortavo continuamente i miei colleghi filosofi a ricercare percorsi che fossero filosoficamente più profondi. In contrasto con la tendenza comune a quel tempo, proposi che i praticanti filosofici non dovessero lavorare con persone che volevano risolvere problemi personali – per questo vi era già lo psicologo – bensì con coloro che desideravano arricchire le proprie vite e crescere. Molti filosofi, nel corso dei secoli, hanno infatti creduto che la filosofa potesse favorire uno sviluppo di sé; perché non proseguire per questa via? Perché mai avremmo dovuto imitare la psicologia e il suo metodo di risoluzione di problemi? Il fine della filosofia non è mai stato quello di normalizzare le persone – o, in altre parole, di riportarle indietro alla vita normale – bensì quello di risvegliarle dal loro "normale" stato di sogno.

Data la mia preminente posizione all'interno di questo movimento, in più occasioni ebbi l'opportunità di esprimere queste mie preoccupazioni. Molti leggevano i miei articoli o ascoltavano i miei discorsi; eppure, le loro reazioni non manifestavano niente più che un cauto interesse. La ragione principale di ciò fu, penso, che non vi erano alternative in gioco. Il *counseling* era un metodo familiare, già noto grazie alla psicologia; era perciò facile copiarlo. In che modo allora si sarebbe potuto dar vita a un tipo di filosofia del tutto nuova, che conducesse a una comprensione personale profonda e significativa?

Primi esperimenti con la contemplazione filosofica

Non esagero a dichiarare quanto per me, tra la fine degli anni '90 e i primi anni 2000, tutti questi problemi fossero frustranti. Sentivo di aver raggiunto un punto morto nella mia ricerca di una filosofia che potesse influire sulla vita. Era mai possibile che la filosofia fosse destinata a rimanere separata dalla vita, a non fare altro che creare intellettualizzazioni astratte?

A questo punto, una nuova fonte di ispirazione giunse in mio aiuto; si trattava, all'inizio, di un'attività indipendente, che più tardi riuscì a rimodellare profondamente la mia stessa ricerca filosofica. Nei primi anni '90, quando ancora insegnavo filosofia a tempo pieno in una università, visitai un monastero contemplativo, e subito mi affascinò lo spirito di contemplazione che vi si respirava. Sebbene io non sia mai arrivato ad abbracciare la fede cattolica di quei monaci, né quella di altre religioni istituzionalizzate, fui allora profondamente colpito dalla vita spirituale dei monaci e dalle loro pratiche spirituali. Grazie alla loro generosa ospitalità, passai periodi di settimane e mesi nel monastero. Posso dire di aver acquisito, durante quegli anni, varie conoscenze riguardanti differenti tecniche contemplative e altre pratiche spirituali, nonché di aver avuto la fortuna di vivere molteplici e profonde esperienze spirituali, le quali mi hanno scosso nell'intimo e influenzato profondamente. Tuttavia, dato che ero sempre stato sospettoso rispetto alle fedi dogmatiche, sia religiose che di altro tipo, sono rimasto un ricercatore spirituale dall'animo libero.

Fu solo parecchi anni dopo, agli inizi degli anni 2000, che nella mia mente cominciò a prender forma l'idea di combinare la ricerca filosofica con le pratiche spirituali, in modo da dar vita a una filosofia di tipo contemplativo. Cosa impediva, infatti, di fare filosofia su questioni della vita usando tecniche contemplative? Se quelle tecniche funzionavano con testi religiosi in cui non credevo, perché mai non avrebbero potuto essere adattate a testi filosofici?

Nei miei primi esperimenti utilizzavo una tecnica di contemplazione del testo chiamata "*Lectio Divina*", che avevo appreso al monastero. In questa tecnica, il contemplatore legge in silenzio alcune frasi di un testo, ascoltandole nella propria interiorità; seguono poi varie fasi, nelle quali ci si muove verso un livello più profondo della mente. Anche se questa pratica può essere strutturata in vari modi, i miei esperimenti mi condussero gradualmente a sviluppare una versione che mi pareva adatta alla contemplazione filosofica. Al posto di testi religiosi, io usavo dei brevi passi, densi e profondi, tratti da opere filosofiche di più ampio respiro; con grande piacere scoprii che anche questi mi coinvolgevano profondamente e mi arricchivano. A differenza della contemplazione religiosa, basata sulla fede in dogmi e scritture religiose, capii che era importante ascoltare un testo filosofico senza sentirsi obbligati ad essere né in accordo né in disaccordo con esso, ma soltanto trattandolo come voce preziosa in mezzo a molte altre voci della realtà umana. In seguito, iniziai a utilizzare nuove tecniche contemplative, come la scrittura spirituale e le camminate spirituali silenziose.

Poiché verso la metà degli anni 2000 cominciai a sentirmi pronto a mostrare ad altri le pratiche che avevo sviluppato, ritenni che fosse il momento di cominciare a facilitare attività contemplative di gruppo. Non tutti i miei esperimenti ebbero successo. Nonostante ciò, continuando a lavorare con piccoli gruppi di colleghi ed ex-studenti, col tempo le mie pratiche filosofico-contemplative si consolidarono e, poco a poco, acquisirono sempre più definizione e struttura, iniziando, con ciò, a dare frutti.

Compagnie filosofiche online
Successivamente decisi di organizzare gruppi di durata più lunga, che avrebbero lavorato assieme per parecchie settimane. Poiché volevo lavorare con gruppi internazionali, era necessario che gli incontri avvenissero su piattaforme di videochiamata online, come ad esempio Skype.

Conoscevo molti praticanti filosofici, che invitavo a partecipare alle mie sessioni sperimentali online. In ogni sessione usavamo un testo filosofico previamente scelto, col quale svolgevamo attività contemplative della durata di circa un'ora. Fu allora che imparai che una buona sessione di contemplazione richiede una struttura chiara e ben definita. Alla mente dev'esser data la possibilità di concentrarsi totalmente sul testo, riascoltandoselo internamente in silenzio. Esercizi complicati, così come dibattiti e discussioni, distraggono troppo.

Inizialmente condividevo il compito di facilitatore con alcuni colleghi che si erano uniti a me, facilitando a turno le sessioni. Tuttavia, quando compresi appieno le sfide che la contemplazione poneva, arrivai alla conclusione che troppa eguaglianza tra i membri del gruppo non favorisse lo spirito contemplativo. Non tutti hanno la stessa esperienza, né sono egualmente bravi a facilitare – non ci si può aspettare che un facilitatore esordiente conduca una buona sessione come la condurrebbe un facilitatore di grande esperienza. I facilitatori di gruppi, in un certo senso, sono come direttori d'orchestra: le loro abilità personali sono indispensabili affinché una sessione sia ben condotta. Il loro ruolo è quello di guidare i partecipanti attraverso una sequenza di esercizi, determinando il ritmo più appropriato e favorendo un'atmosfera contemplativa. È solo quando l'attività scorre senza interruzioni che i partecipanti possono darsi completamente alla "polifonia" contemplativa.

Decisi perciò di organizzare da solo la maggior parte delle sessioni filosofiche. Iniziai a mettere assieme un repertorio di esercizi contemplativi, come quello del "parlare prezioso" (una tecnica pensata per far esprimere le intuizioni in un modo preciso e sintetico), o quello della "lettura gentile" (*gentle reading*) (il quale, rompendo l'abituale ritmo di lettura, costringe i partecipanti a soffermarsi sul senso di ogni singola parola), e altri ancora. Scelsi l'espressione "compagnia filosofica" per riferirmi ai gruppi che svolgevano queste attività.

Col tempo ho condotto molti gruppi di compagnia filosofica online, invitando a parteciparvi nuovi colleghi praticanti filosofici. Ogni gruppo si incontrava una volta alla settimana per quattro volte, per evitare che, col tempo, l'attività non si indebolisse e perdesse efficacia. A poco a poco le sessioni acquisirono maggiore intensità e strutturazione, offrendo ai partecipanti preziose esperienze, nuove intuizioni, nonché la sensazione di un essere-insieme di gruppo.

Ritiri filosofici

Per vari mesi continuai a condurre le mie compagnie filosofiche online, cui prendevano parte persone di vari paesi del mondo. Fu allora che iniziò a incuriosirmi l'idea di organizzare un ritiro contemplativo in Europa, dove molti dei miei colleghi vivevano. Non era certo un compito facile, dato che io vivevo negli Stati Uniti.

Nel 2017 alcuni amici di miei amici mi permisero generosamente di utilizzare la loro casa estiva situata nelle boscose montagne della Liguria. Ero entusiasta. Organizzai un ritiro di contemplazione filosofica della durata di un fine settimana con l'aiuto di Stefania Giordano, una collega praticante filosofica italiana. Sedici persone di quattro paesi europei parteciparono a questo ritiro. Le loro entusiastiche reazioni mi spinsero a proseguire per la strada intrapresa.

Fu allora che si aprì una nuova porta: uno dei partecipanti, Michele Zese, mi offrì l'opportunità di usare la sua casa di famiglia per successivi ritiri. La casa, nella piccola borgata di Brando, sui monti vicino a Torino, si rivelò determinante per l'andamento successivo degli eventi. Il primo ritiro a Brando, tenutosi nel settembre del 2017, fu intenso e stimolante. Al termine del ritiro, in sette decidemmo di fermarci per una mattina in più. Seduti attorno a un tavolo, soddisfatti e pieni di buone impressioni, riflettevamo assieme. Fu a questo punto che decidemmo di formare un gruppo che si dedicasse alla contemplazione filosofica, che in seguito fu chiamato "Deep Philosophy".

Ormai parte di questo nuovo gruppo internazionale, iniziammo a incontrarci online a intervalli regolari. Organizzammo anche alcuni ritiri, sia a Brando che in altre località. Furono sperimentate nuove tecniche e fu creato anche un percorso formativo per futuri membri. Ci fu chi si unì a noi e chi, invece, lasciò il gruppo (come ci si aspetta che accada in ogni gruppo che lavori attivamente e intensamente). Il risultato fu la formazione di un nucleo composto da circa sei o sette membri; vi era, inoltre, una più larga cerchia di persone di varie nazionalità che ogni tanto partecipava alle nostre attività online e ai ritiri che organizzavamo.

Questi eventi mi hanno insegnato che lo sviluppo di un nuovo genere di attività è un processo lungo. Ci vogliono tempo e molta sperimentazione affinché un nuovo metodo si consolidi e trovi la sua configurazione ottimale.

È questa la ragione principale che, in questa sede, mi spinge a raccontare tali esperimenti in modo tanto dettagliato. La Deep Philosophy non è un'invenzione arbitraria, bensì è il risultato di un processo creativo lungo e dinamico, sviluppatosi nel corso di parecchi anni. Sebbene si nutrisse degli sforzi creativi dei membri più impegnati del gruppo, la Deep Philosophy mostrava, fin dall'inizio, una sua vita propria che trascendeva i nostri iniziali propositi. I frutti di questo processo sono una prova del fatto che la filosofia contemplativa – e la Deep Philosophy in particolare – è espressione dell'umana ricerca di un incontro con la vita profondo e significativo.

Teoria della Deep Philosophy

Il gruppo Deep Philosophy ha continuato a incontrarsi regolarmente sia online che in ritiri saltuari e, in pochi mesi, i suoi membri hanno sviluppato un ampio repertorio di tecniche contemplativo-filosofiche. Presto è nato il bisogno di consolidare questa pratica attorno a principi di base e di darle una fondazione teorica. Come praticanti, volevamo avere una migliore concezione di ciò che stavamo facendo.

Varie questioni si mostrarono particolarmente importanti: in primo luogo, che cosa significa "profondità interiore"? L'espressione indica una potente esperienza interiore che si vive mentre si fa contemplazione; cosa possiamo però dire di essa da un punto di vista teorico?

In secondo luogo, che cosa stiamo facendo esattamente quando siamo in contemplazione? Cosa ci accade quando pensiamo a un testo dalla nostra profondità interiore?

Inoltre, qual è la relazione fra i membri del gruppo durante la sessione, nonché fra i praticanti e l'autore del testo? Noi sentivamo di essere in "risonanza" gli uni con gli altri e col testo, così come di fare esperienza del forte senso dell'essere-insieme. Quali sono, però, la natura dell'essere-insieme e della risonanza?

Infine, cosa si può conseguire con questa pratica? Ciò che sperimentavamo era, senz'altro, la percezione di una profonda significatività e preziosità; inoltre, eravamo del tutto sicuri del valore di quello che stavamo portando avanti. In che modo, però, avremmo potuto concettualizzare il senso della nostra attività?

È su tali questioni, e su altre ad esse correlate, che mi sono arrovellato il cervello per vari mesi. Spesso mi mettevo a cercare, negli scritti della tradizione filosofica, quelle idee che mi aiutassero a elaborare una fondazione teorica. Trovavo particolarmente utili i testi degli antichi stoici e neoplatonici, dei romantici tedeschi, dei trascendentalisti americani, di parecchi esistenzialisti, come anche di alcuni pensatori del ventesimo secolo quali Bergson e Buber. È stato però solo dal 2018-2019 che un insieme di concetti ha iniziato ad assumere una forma chiara nella mia mente ed è emersa una solida rete di idee.

Il risultato è che ora possediamo una cornice teorica e metodologica della Deep Philosophy. Fedele alla natura storica della filosofia, essa si ispira alle idee di alcuni filosofi del passato, ma si spinge anche oltre, fino a formare una visione nuova e unica. Questa rete di idee e di pratiche svolge un ruolo centrale nella formazione che offriamo a coloro che intendono unirsi a noi per diventare essi stessi dei facilitatori. Poiché molti di tali percorsi formativi si sono già conclusi con successo, nuovi membri stanno unendosi al gruppo, portando con sé energie e prospettive nuove.

Questo resoconto storico dovrebbe aver chiarito che la teoria, la metodologia e la pratica della Deep Philosophy sono il frutto di un intenso processo di indagine continua. È nostra speranza che esso possa proseguire nel tempo, senza mai arrivare a fossilizzarsi in una forma definitiva. Noi vediamo infatti nella Deep Philosophy non una verità ultima, ma un processo di sviluppo sempre in atto.

Capitolo 7

ORIGINI STORICHE

La Deep Philosophy è sia nuova che vecchia. Essa, in un certo senso, inizia a emergere nei primi anni 2000, per consolidarsi nel periodo che va dal 2017 al 2020 grazie al lavoro di un piccolo gruppo internazionale di praticanti che si sono dati il nome di "gruppo Deep Philosophy". In un altro senso, essa ha origini più antiche, che si possono far risalire, in alcuni casi, persino alla filosofia antica. In effetti, filosofi appartenenti a ogni epoca della storia della filosofia sono serviti come fonti di ispirazione per chi pratica la Deep Philosophy.

Origini storiche: metodi filosofici

I metodi filosofici che usiamo nella Deep Philosophy hanno un carattere contemplativo particolare. Essi danno luogo a un discorso che è molto diverso dalle discussioni intellettuali della maggior parte dei principali filosofi accademici di oggi e del passato. Tuttavia, questioni metodologiche simili a quelle di cui ci occupiamo noi si possono ritrovare lungo tutto il corso della storia del pensiero filosofico.

Una di esse – presente anche nella Deep Philosophy – si fonda sulla convinzione che il pensiero discorsivo o intellettuale non sia adeguato a una comprensione degli aspetti fondamentali del nostro mondo. Sono necessarie forme alternative di pensiero – olistico, poetico, intuitivo, contemplativo ecc. – per comprendere l'esperienza umana, la vita, o la realtà in generale. Tra i sostenitori di questa visione vi sono i neo-platonici Plotino (204-270 d.C.) e Proclo (412-485 d.C.), i quali seguivano tecniche meditative per connettersi a livelli più alti del reale; romantici tedeschi come Novalis (1772-1801) e Friedrich Schlegel (1772-1829), i quali credevano che fossero necessarie forme di pensiero poetiche e intuitive per conseguire una piena comprensione del mondo; Henri Bergson (1869-1941), il quale sosteneva che solo per mezzo di una speciale intuizione olistica si potesse cogliere la reale natura delle nostre esperienze; infine Edmund Husserl (1859-1938), il quale elaborò un metodo di introspezione con cui intendeva cogliere la struttura fondamentale dell'esperienza. La Deep Philosophy condivide con tali prospettive il medesimo desiderio di lasciarsi alle spalle discussioni intellettuali.

Una seconda questione che la Deep Philosophy riprende dalla storia del pensiero filosofico è quella relativa alla necessità che un filosofare profondo richieda la coltivazione di uno stato mentale di un tipo speciale. Per comprendere il reale non basta soltanto "guardare e vedere", perché si potrebbe essere sprovvisti delle capacità mentali o spirituali per "vedere". Il tipo di comprensione ricercato è possibile solo dopo lo sviluppo di sensibilità particolari. Tra i pensatori che hanno fatto proprio questo tema vi sono Platone (428/427 a.C. – 348 a.C.), il quale, nel *Simposio*, ha descritto il modo in cui il filosofo, percorrendo un sentiero lungo e difficoltoso, sale attraverso vari livelli di conoscenza erotica fino ad arrivare al coglimento dell'Uno; stoici antichi come Marco Aurelio (121 a. C. – 180 d.C.), il quale usava esercizi spirituali di scrittura, dialogo interiore e immaginazione, come mezzi per connettersi al suo vero sé (che chiamava "principio dirigente") e sviluppare una consapevolezza più piena della vita e del cosmo; Baruch Spinoza (1632-1677), il quale indicava nell'"amore intellettuale di Dio" (o "terzo genere di conoscenza") il livello più alto di saggezza e comprensione, conseguibile solo dopo anni di impegno filosofico; infine Ralph Waldo Emerson (1803-1882), il quale esortava i suoi lettori e ascoltatori a sviluppare una sensibilità interiore nei confronti di quella sorgente metafisica di ispirazione che egli chiamava "anima suprema".

Un terzo argomento metodologico che si incontra sia nella Deep Philosophy che in altri filosofi del passato è l'idea che filosofie differenti non siano da considerare come affermazioni di verità in contraddizione le une con le altre – come invece parrebbero essere. Tale visione, che talvolta può assumere la forma di un pluralismo o di un sincretismo, intende suggerire che filosofie differenti possano essere viste come espressioni differenti delle medesime esperienze e conoscenze umane. Per la Deep Philosophy, voci filosofiche distinte le une dalle altre non sono solo coerenti fra loro, bensì si completano a vicenda, originando così la ricca molteplicità di voci dell'umanità.

Questi esempi mostrano che i principi metodologici della Deep Philosophy assomigliano a quelli di altre importanti concezioni filosofiche del passato. Sebbene nessuna di queste correnti di pensiero sia, in senso stretto, uguale alla della Deep Philosophy, esse si possono considerare come a quest'ultima imparentati, o almeno come suoi antecedenti storici.

Origini storiche: la potenza del filosofare

Da una prospettiva storica differente, si possono individuare somiglianze tra il modo in cui i primi pensatori concepivano il potere del filosofare e il modo in cui questo viene inteso nella Deep Philosophy. Quei primi pensatori ritenevano che la filosofia non dovesse limitarsi a produrre teorie astratte; essi pensavano che dovesse influenzarci in modi ben più profondi.

Un esempio centrale per la Deep Philosophy è l'idea secondo cui la filosofia possa portare al superamento dei confini del pensiero ordinario, rivelando aspetti nascosti della realtà che, di solito, non sono accessibili all'uomo. Quest'idea è presente in alcuni dei filosofi menzionati sopra, come ad esempio Platone e i neo-platonici, i quali sono convinti che vi fossero livelli superiori del reale, al di là del mondo materiale, i quali richiedono, perché li si possa cogliere, un genere di pensiero contemplativo di tipo particolare. L'allegoria della caverna di Platone illustra chiaramente l'idea della necessità, per il filosofo, di uscire dalla "caverna" del pensiero ordinario, affinché possa vedere oltre le semplici ombre del reale. Un esempio molto interessante dei nostri tempi è Karl Jaspers (1883-1969), il quale sostiene che i sistemi filosofici (così come i miti, la natura, l'arte) possano servire da "cifre" della Trascendenza, indicanti un luogo posto oltre il nostro mondo oggettivo e la sua divisione tra soggetto e oggetto. Anche il teologo e filosofo Paul Tillich (1886-1965) ritiene che le creazioni culturali, tra cui la filosofia, funzionino da "simboli" che mettono l'uomo in rapporto a realtà per le quali non vi sono altre vie di accesso, aprendo queste a noi e noi ad esse.

In secondo luogo, secondo vari filosofi di ogni epoca il filosofare ha un potere trasformativo. Per mezzo del filosofare si può raggiungere uno stato mentale più elevato – o più profondo – caratterizzato da maggiore completezza, libertà e armonia. Esempi ne sono quei vari e rilevanti pensatori menzionati sopra. Da questa prospettiva, il ruolo della filosofia non è solo quello di produrre idee e teorie, ma di modificare la persona.

A volte questo tema è espresso nei termini di un'autotrasformazione. Nella vita quotidiana siamo di solito sotto il controllo di rigidi schemi psicologici che rendono la nostra vita superficiale, automatica e frammentaria. La filosofia ci aiuta a trascendere questa prigione. Essa può dirci come possiamo trasformare noi stessi – anche solo in parte o solo per un periodo di tempo limitato – per divenire più coerenti, liberi e connessi alle vere fonti del nostro essere. Esempi evidenti di questa concezione sono filosofi stoici come Epitteto (50 d.C. – 135 d.C.) e Marco Aurelio (121 d.C. – 180 d.C.), il cui obiettivo è quello di liberare l'io dai suoi attaccamenti e fargli conquistare la libertà interiore.

Muovendosi in una direzione in parte differente, alcuni filosofi sostenevano che il filosofare potesse condurre a uno sviluppo a lungo termine dei nostri atteggiamenti di base nei confronti della vita. Molti dei filosofi menzionati sopra erano di tale convinzione. Ulteriori esempi sono Epicuro (341 a.C. – 270 a.C.), il quale crede che la filosofia potesse aiutarci a vivere con semplicità e quieta felicità; Jean-Jacques Rousseau (1712-1778), la cui filosofia insegna a coltivare l'io autentico; infine Friedrich Nietzsche (1844-1900), il quale, con la sua filosofia poetica, ci sprona a intraprendere il difficile processo del superamento del nostro piccolo io, affinché si possa abbracciare, in tal modo, una forma di vita più piena e più nobile.

Questi esempi dimostrano che, a differenza di quei pensatori che, dall'antichità fino ai filosofi accademici contemporanei, privilegiano l'aspetto teorico, ve ne sono molti altri, lungo tutta la storia del pensiero, i quali credono invece che la filosofia abbia un fine molto più alto che quello della produzione di teorie astratte. Da questo punto di vista, essi si avvicinano al punto di vista della Deep Philosophy.

Precursori della Deep Philosophy

I temi sopra ricordati appaiono in scritti di svariati pensatori vissuti in differenti momenti storici e dotati delle più disparate visioni del mondo. Essi, com'è naturale, si esprimevano in una molteplicità di modi e per mezzo di terminologie e concetti i più disparati. Questi filosofi si possono considerare come precursori della Deep Philosophy e, in effetti, alcuni hanno costituito un motivo ispiratore per il nostro gruppo. Segue ora una lista, anche se incompleta, di alcuni di tali precursori, organizzata seguendo più o meno un ordine cronologico.

Platone (427 a.C. – 347 a.C.) si può considerare come uno dei nostri più lontani anticipatori. Come egli scrive nel *Simposio*, così come nell'allegoria della caverna, la filosofia trae origine dal desiderio – che è Eros – di ciò che egli chiama il Bene, il Vero, il Bello. Il filosofare non nasce da un freddo interesse intellettuale, bensì da un anelito che spinge il vero "amante" filosofico non all'accumulo di una semplice conoscenza oggettiva, ma al coglimento di quella "bellezza" che rende la vita degna di essere vissuta. Inoltre, il percorso che conduce a tali altezze comporta una trasformazione interiore – indicata dalla metafora dell'uscita dalla caverna o della risalita dei vari gradi dell'amore – che termina nel raggiungimento di una piena comprensione del reale. La filosofia, pertanto, è un lungo percorso di elevazione.

Successivi precursori di rilievo sono gli antichi pensatori stoici. Al primo posto vi è l'imperatore romano Marco Aurelio (121 d.C. – 180 d.C.) il quale, con le sue *Meditazioni*, ci offre una raccolta di esercizi spirituali comprendenti tecniche di immaginazione, esercizi di scrittura, esercizi mentali, nonché la pratica del colloquio con se stessi e l'esortazione, rivolta a se stessi, a pensare e a vivere in accordo con i principi stoici. Molti di questi esercizi sono concepiti per risvegliare il suo dormiente "principio dirigente" o "daimon" – ossia il vero io, che è in armonia col *Logos* dell'universo – che è simile a ciò che noi chiamiamo "profondità interiore". È chiaro che per Marco Aurelio la filosofia è un modo di vivere che richiede continui esercizi contemplativi finalizzati al cambiamento interiore. In lui si incontra anche la fondamentale distinzione tra la sfera dei nostri abituali schemi psicologici e quella del nostro vero io interiore, che la filosofia deve risvegliare e rafforzare.

Un importante pensatore che ritiene che la filosofia debba includere pratiche contemplative è l'influente filosofo neoplatonico Plotino (204 d.C. – 270 d.C.). Per lui, la filosofia aiuta la nostra anima a ricordarsi della sua più alta origine, risvegliandola dal suo stato di decadimento e guidandola verso la risalita a livelli superiori di realtà. Nella sua concezione, così come in quella della Deep Philosophy, troviamo la distinzione fra un pensiero ordinario e una comprensione intuitiva di una realtà superiore, così come il desiderio di entrare in rapporto con tale realtà per mezzo di pratiche meditative.

Le intuizioni di Platone e Plotino, secondo cui la filosofia può aiutarci a sviluppare un livello superiore di comprensione e a connetterci a livelli superiori di realtà, si possono incontrare anche in molti filosofi della successiva corrente neoplatonica, che, per più di mille anni, è stata una delle maggiori scuole di pensiero. Un interessante filosofo neoplatonico del Rinascimento, Pico della Mirandola (1463 – 1494), ritiene che concezioni filosofiche differenti fra loro, come quelle di Platone e Aristotele, non siano in contraddizione le une con le altre – come invece si potrebbe pensare. Egli sostiene che esse non propongano che prospettive e formulazioni distinte riguardanti le medesime verità. Questo sincretismo filosofico ricorda la concezione che noi abbiamo delle varie filosofie che si sono succedute nella storia. Anche dal punto di vista della Deep Philosophy le contraddizioni tra differenti teorie filosofiche sono solo apparenti e superficiali e, inoltre, anche noi evitiamo la tendenza, comune nel mondo accademico, a considerarle come avversari che si combattono l'un l'altro per la verità. Per noi, esse non sono che espressioni differenti di una medesima sfera più profonda – in particolare, "voci" differenti della realtà umana fondamentale. Anche se il nostro pluralismo e il sincretismo di Pico non sono la stessa cosa, entrambi siamo convinti che teorie filosofiche differenti abbiano origine da una stessa sorgente profonda e, perciò, costituiscano aspetti differenti di una comune saggezza umana.

Un altro tema al centro della riflessione del gruppo Deep Philosophy è l'intima connessione fra le idee astratte della filosofia e i momenti concreti della vita quotidiana. Nelle nostre sessioni di contemplazione spesso riflettiamo su come i nostri testi entrino in risonanza con le esperienze personali dei partecipanti. Un'esigenza simile si può ritrovare nel filosofo francese Michel de Montaigne (1533 – 1592), nella cui opera maggiore, i *Saggi*, si intrecciano aneddoti e storie personali, citazioni di pensatori dell'antichità e intuizioni e idee filosofiche personali. Per noi, come per lui, le idee della filosofia non devono essere separate dalla vita di tutti i giorni, perché i due aspetti sono intimamente intrecciati.

Il riconoscimento di forme superiori di comprensione è presente anche in vari sistemi filosofici dell'epoca moderna.

Per esempio, in Benedetto Spinoza (1632 – 1677), un importante filosofo ebreo olandese, vi è l'idea che la filosofia possa guidarci verso una saggezza e uno stato mentale superiori – "il terzo genere di conoscenza", com'egli lo chiama – che comportano pace e gioia interiori.

La distinzione fra un livello ordinario e un livello superiore del nostro essere si può incontrare anche negli scritti dell'influente filosofo franco-svizzero Jean-Jacques Rousseau (1712 – 1778). Egli distingue fra l'io sociale, ossia la maschera superficiale che normalmente indossiamo senza rendercene conto, dall'io naturale, costituito dalle energie originarie e spontanee con cui siamo venuti al mondo. La società ci spinge ad adottare un io sociale falso, alienandoci, con ciò, dal nostro vero io. Tuttavia, una corretta educazione può favorire lo sviluppo dell'io naturale e proteggerlo da influenze negative, così come accade a una giovane pianta in una serra. Sebbene dalla Deep Philosophy non venga accolta la visione pessimistica di una società che necessariamente aliena gli individui, si considera comunque una fonte di ispirazione il progetto rousseauiano di riconnettere l'io alla sfera più originaria e più profonda di se stesso.

Interessanti precursori della nostra pratica del filosofare nel modo dell'essere-insieme sono i pensatori romantici tedeschi. Tra questi spiccano in particolare Novalis (1772 – 1801) e Friedrich Schlegel (1772 – 1829), i quali spesso scrivevano in coppia: ognuno di loro elaborava un breve frammento, poi, quando i frammenti dei due filosofi venivano messi assieme, il risultato era una rete di idee che trascendeva le individualità di ognuno dei due autori. Essi chiamavano questa attività "sinfilosofia", che ricorda il modo in cui noi entriamo in risonanza gli uni con gli altri quando facciamo filosofia nel modo dell'essere-insieme. Questi pensatori romantici sono rilevanti per la Deep Philosophy anche per un altro motivo: anch'essi vedono una profonda connessione tra pensiero filosofico e pensiero poetico. In linea col loro orientamento, molte delle nostre attività contemplative si basano sulla convinzione che quando formuliamo idee di tipo filosofico in modo poetico, il risultato è una forma di pensiero diversa, più profonda e più ispirata.

Un altro filosofo e poeta di un periodo di poco successivo, Ralph Waldo Emerson (1803 – 1882), caposcuola del movimento trascendentalista americano, a noi interessa particolarmente per la sua idea della "superanima" – una fonte creativa di intuizioni e illuminazioni che trascende il nostro normale io individuale. Nella Deep Philosophy facciamo nostro il compito, indicato da Emerson, di aprirci intimamente a questa fonte di saggezza, da noi chiamata "profondità interiore", posta oltre le nostre normali strutture psicologiche e all'origine di idee sempre nuove,

Le filosofie esistenzialiste hanno molto in comune con la Deep Philosophy; per esempio, vi è la questione del rapporto fra filosofia e vita concreta delle persone. Per Søren Kierkegaard (1813 – 1855), padre dell'esistenzialismo, i problemi filosofici riguardanti la vita non possono essere separati dalla vita "soggettiva" del singolo individuo. Teorie e verità oggettive per lui sono di scarso interesse, perché la verità è una questione di passione, di dedizione e di scelta personali, e ciò richiede consapevolezza di se stessi, autenticità, serietà. Nella Deep Philosophy abbracciamo la visione di Kierkegaard di una filosofia che, per essere autentica, deve emergere dal rapporto personale che si ha con la vita, piuttosto che da un pensiero astratto.

Per Karl Jaspers (1883 – 1969), psichiatra e filosofo esistenzialista tedesco, il nostro pensiero oggettiva il mondo e, per questo, è cieco alla realtà fondamentale, che è più originaria sia degli oggetti che dell'oggettivazione; tale realtà è ciò che egli chiama "abbracciante" (tradotto anche con "circoscrivente") perché abbraccia sia il soggetto che l'oggetto. Per lui, i grandi testi filosofici sono "cifre" che orientano il lettore in direzione di tale realtà originaria – sebbene il pensiero non possa mai catturarla.

Un'idea simile è espressa dal pensatore tedesco-americano Paul Tillich (1886 – 1965), il quale sostiene che le idee possano operare come "simboli" che conducono l'io oltre se stesso, in direzione di livelli di realtà cui non si può accedere direttamente. Nella Deep Philosophy pensiamo, come Jaspers e Tillich, che le idee filosofiche possano darsi non solo come una serie di teorie sul mondo oggettivo, ma anche come indicatori che ci guidano oltre ogni descrizione oggettivante, nella direzione di una realtà fondamentale.

In un modo in un certo senso simile a questo, il filosofo esistenzialista francese Gabriel Marcel (1889 – 1963) sostiene che un aspetto centrale nella vita umana sia il "mistero", che è tale poiché non può essere compreso dal punto di vista di un osservatore oggettivo. Noi possiamo cogliere tale realtà solo prendendone parte e vivendola in modo autentico; in nessun modo è possibile riuscirci costruendovi attorno teorie. Al pari di Marcel, anche nella Deep Philosophy cerchiamo di entrare in relazione con la sfera soggettiva del nostro essere, cui è impossibile accedere solo per mezzo di un pensiero di tipo intellettualistico.

Al di fuori dell'esistenzialismo, il filosofo francese Henri Bergson (1859 – 1941) afferma che, se esaminiamo con attenzione la nostra vita mentale interiore, capiremo che essa è un flusso olistico che non può essere né suddiviso in elementi separati tramite analisi, né catturato in descrizioni.

Come una sinfonia è più della somma dei singoli suoni che la compongono, così gli strati più profondi della nostra coscienza sono un flusso olistico sempre nuovo di qualità che si compenetrano a vicenda e non possono essere scomposte in parti. Tuttavia, abbiamo la possibilità di cogliere le nostre esperienze più profonde per mezzo di un'altra facoltà: l'intuizione. Sebbene la nostra via principale sia la contemplazione, anche nella Deep Philosophy cerchiamo di comprendere gli aspetti più profondi della nostra vita interiore in un modo che non sia né analitico né descrittivo.

Per Martin Buber (1878 – 1965), filosofo ebreo austro-israeliano, la realtà dell'uomo non è riducibile a un io isolato, bensì è costituita dalle relazioni che si instaurano con gli altri. Noi, essenzialmente, siamo sempre persone-in-relazione, perciò nel nostro modo d'essere autentico non possiamo non essere-insieme agli altri, alla natura, a Dio, e persino alle voci dei pensatori del passato. Anche nella Deep Philosophy troviamo che sia rilevante tale essere-insieme, che cerchiamo di attuare per mezzo dell'attività del "risuonare" insieme ai nostri compagni e ai pensatori del passato.

La filosofia di Maria Zambrano (1904 – 1991), pensatrice e poetessa spagnola, si concentra su quegli aspetti della vita della mente che emergono da territori posti oltre la ragione – dai sogni, dalle fantasie, dai deliri, dal pensiero poetico. Per poter apprezzare questi tratti irrazionali del nostro essere, dobbiamo imparare a coltivare uno spazio interiore di tipo particolare – una "radura nella foresta" – attraverso il quale riescono a giungere fino a noi intuizioni impreviste riguardanti gli strati sottostanti e nascosti della nostra realtà. D'accordo con Zambrano riconosciamo, nella Deep Philosophy, i limiti di un'analisi puramente razionale e, con ciò, il conseguente bisogno di superarli.

Altri filosofi potrei aggiungere alla lista, ma la questione di fondo ormai è chiara: la Deep Philosophy non è un'invenzione completamente nuova, né è aliena allo spirito della filosofia tradizionale. Essa ha radici che affondano nella storia del pensiero dell'Occidente.

Parte C

I PILASTRI DELLA DEEP PHILOSOPHY

La Deep Philosophy comprende un insieme di principi teorici che non è facile raccogliere in un quadro unitario. Come molte attività umane, essa è cresciuta a partire dalle più disparate intuizioni, esperienze personali e visioni; il risultato è una rete di idee che si intrecciano in modi complessi. Ciononostante, al suo interno è possibile identificare e formulare vari principi centrali, che possiamo formulare chiaramente. Noi li chiamiamo i "pilastri della Deep Philosophy".

Capitolo 8

SOMMARIO DEI SETTE PILASTRI DELLA DEEP PHILOSOPHY

I sette pilastri della Deep Philosophy sono i seguenti: anelito alla realtà; profondità interiore; filosofia; contemplazione; risonanza nel modo dell'essere-insieme (*togetherness*); voci della realtà; trasformazione.

Pilastro 1: Anelito alla realtà

Ci imbattiamo nel primo pilastro quando facciamo esperienza di un forte anelito alla verità, alla realtà ultima, a un fondamento dell'esistenza, o (poiché queste parole sono ormai trite) a ciò che si potrebbe chiamare "realtà effettiva". Quando vi è questo anelito alla realtà, non vi è alcuna ricerca di esperienze piacevoli o di una felicità per l'io stesso, né si cerca di soddisfare una curiosità intellettuale. Un anelito è più simile all'amore che a un desiderio da soddisfare. Come un amante che, adorando la persona amata – non le proprie esperienze piacevoli – dona a quest'ultima il suo cuore, così, quando aneliamo a questa realtà, cerchiamo di superare qualsiasi interesse personale, per muoverci verso ciò che ha valore, ciò che è concreto e fondamentale. Un anelito, così come l'amore, è un atto di devozione, è un movimento oltre se stessi.

La Deep Philosophy nasce da questo anelito. Senza di esso – se si ha solamente di un desiderio di esperienze soddisfacenti

– non vi può essere Deep Philosophy.

Pilastro 2: Profondità interiore

Siamo in rapporto al reale quando ci troviamo in particolari stati d'animo che sono fondamentalmente diversi dai momenti della vita quotidiana ordinaria (ma la distinzione tra i due stati non è netta, poiché a volte si presenta una certa commistione fra di essi). Questi stati sono caratterizzati da una speciale qualità di unità interiore, di intensa presenza a se stessi, di pienezza. Quando viviamo tali stati, vi è la percezione che ad essere presente non sia solo un pensiero o un sentimento isolati, bensì tutto il nostro essere; sentiamo, inoltre, che questi stati accadono sì dentro di noi, ma al di là del nostro io familiare. Spesso sono accompagnati da un senso di preziosità, di abbondanza, di effettività. Rispetto ad essi, i momenti ordinari sono frammentati, confusi, monotoni.

Si tratta dunque di esperienze speciali non per *ciò* che sperimentiamo, bensì per *come* lo sperimentiamo, o, in altre parole, per il "luogo", dentro di noi, in cui tali esperienze hanno luogo – ossia per quale parte del nostro essere sta compiendo questa esperienza. La realtà interiore che si risveglia solo in questi momenti speciali è chiamata, nella Deep Philosophy, "profondità interiore".

La distinzione fra stati mentali profondi e superficiali, anche se non netta, ha importanti implicazioni per la Deep Philosophy, perché comporta che, nella nostra ricerca del reale, dobbiamo trasformare i nostri normali stati mentali: non essendo adatti alla pratica della Deep Philosophy, dobbiamo modificarli con l'aiuto di speciali esercizi contemplativi.

Pilastro 3: Filosofia

È possibile che vi sia più di un modo per cogliere il reale di cui siamo alla ricerca; tra di essi vi sono forse alcuni generi particolari di poesia, di musica, o di rituali religiosi. La nostra via, però, è filosofica, poiché il nostro obiettivo non è quello di fare esperienza, bensì di capire – non di godere di immagini e sentimenti, ma di comprendere aspetti fondamentali della vita e del mondo. Il motivo che ci spinge a lavorare con le idee filosofiche è che esse hanno a che fare con la realtà fondamentale. Senza il tentativo di comprendere filosoficamente la realtà, non vi può essere Deep Philosophy, per quanto il tentativo possa avere in sé valore.

Per dedicarci a una comprensione filosofica, dobbiamo parlare e pensare nel linguaggio della realtà fondamentale. Tale linguaggio non può avere, come suo oggetto, persone, fatti, eventi specifici – come accade nei giornali, nei libri di storia, oppure nei testi scientifici. Il linguaggio della realtà fondamentale è costituito dall'insieme delle idee fondamentali, prima che esse vengano riferite a oggetti specifici; è questo il linguaggio cui tradizionalmente la filosofia aspira.

Mettendo tutto ciò assieme ai primi due pilastri, possiamo affermare che la Deep Philosophy è un'esplorazione filosofica di idee fondamentali che impiega il pensare dalla nostra profondità interiore.

Pilastro 4: Contemplazione

Il pensiero discorsivo – che è il modo in cui quotidianamente pensiamo – non è adatto alla ricerca filosofica di ciò che è reale. Ciò che caratterizza questo tipo di pensiero è la struttura del pensare-a: io penso "a" un oggetto del pensiero – sia esso reale, immaginario, concreto, astratto, presente, passato o futuro. Io, metaforicamente, pongo di fronte alla mia mente un oggetto del pensiero che esamino dall'esterno. In tal modo, però, io stesso mi separo dalla realtà in questione, trasformandola in un oggetto che è per me; da parte mia, non divengo nient'altro che un osservatore esterno, lontano e indifferente. In tal modo, però, non posso entrare in intimo rapporto con l'effettività di quella realtà – che è l'obiettivo della Deep Philosophy.

Per evitare di assumere un pensiero di tipo discorsivo (il "pensare-a"), nella Deep Philosophy adottiamo un modo di pensare differente, chiamato contemplazione. Nella contemplazione, noi cerchiamo di rendere la realtà stessa presente dentro di noi, evitando in tal modo di pensare "a" essa. Potremmo dire che, così come si prova un sentimento di amore o di felicità – invece di pensare ad esso – nella contemplazione si "prova" la realtà in prima persona.

Per far ciò, dobbiamo pensare da un luogo del nostro essere che si trova al di là dei meccanismi psicologici ordinari di oggettivazione – cioè dalla nostra interiorità. La contemplazione, perciò, è un pensare dalla nostra profondità interiore che rende presente, dentro di noi, la realtà in questione.

Non è facile contemplare, poiché va contro la nostra tendenza automatica a "pensare-a". È per questo che si usano particolari tecniche che, facendo piazza pulita dei nostri schemi di pensiero abituali, fanno emergere, al loro posto, un pensiero contemplativo.

Pilastro 5: Risonanza nell'essere-insieme

Tradizionalmente, l'obiettivo principale dei filosofi è stato quello di costruire teorie sulla realtà. Di conseguenza i filosofi si sono impegnati, nella maggior parte dei casi, in dibattiti volti a stabilire quali idee (o teorie) fossero accettabili o inaccettabili, quali vere e quali false.

Questo tipo di discorso non è adatto alla Deep Philosophy,

poiché è espressione di una forma di "pensare-a" che è puramente intellettuale. Nella Deep Philosophy noi usiamo una forma differente di comunicazione: la risonanza. Con la risonanza non si afferma né la verità, né la falsità di alcuna idea, e neppure si giudicano o valutano le parole degli altri. Piuttosto, si ascoltano i significati cui gli altri danno espressione e poi si "risuona" assieme ad essi rispondendo loro coi nostri significati.

La risonanza è analoga al modo in cui i musicisti jazz improvvisano assieme una musica. Il sassofono non suona *riguardo a* ciò che il pianoforte ha suonato, né il trombone è d'accordo o in disaccordo col basso. Al contrario, essi si riconoscono a vicenda facendo risuonare le proprie frasi musicali con quelle degli altri, in tal modo completandosi e rispondendosi a vicenda; è questo a creare una musica complessa.

Si può entrare in risonanza quando siamo nello stato mentale della profondità interiore, ma non solo: si può, infatti, entrare in risonanza con gli altri anche quando scherziamo o giochiamo. Quando però entriamo in risonanza dalla nostra profondità interiore, un nuovo genere di relazione si forma tra noi: ora parliamo da oltre il nostro io solito, da un insieme comune di significati che abbraccia tutti noi. Questa relazione è ciò che chiamiamo essere-insieme.

Essere nella profondità interiore è una condizione della mente; essere in risonanza è una forma di comunicazione; essere-insieme è un tipo di relazione. Questi tre aspetti, pur non essendo la stessa cosa, sono intimamente connessi fra loro.

Pilastro 6: Voci della realtà

Quando facciamo contemplazione con un testo filosofico, non vogliamo solo comprendere ciò che esso ha da dire. Se così fosse, una discussione intellettuale sarebbe sufficiente. Noi facciamo contemplazione con idee filosofiche perché, per loro tramite, ci spingiamo al di là di esse, riuscendo con ciò a discernere significati profondi che appaiono nella nostra profondità interiore. In questo senso, le idee filosofiche servono da porte per la profondità.

Le "idee" non sono uguali ai "significati". Le idee, secondo il senso corrente del termine, sono elementi del linguaggio discorsivo: sono contenuti della mente che usiamo per spiegare, teorizzare, discutere, e poi trasmettiamo ad altri. Come tali, esse sono parte della struttura del pensare-a. Al contrario, i significati profondi non sono cose situate nella nostra mente, né sono parte del pensare "a" qualcosa. Esse sono il reale stesso – o, per la precisione, sono aspetti o qualità del reale – prima che questo si strutturi in oggetti del pensiero. Esse sono più originarie della suddivisione, che caratterizza la mente, fra un soggetto e un oggetto.

Per poter accedere a questi significati fondamentali, lasciamo che essi si manifestino dentro di noi. In questi momenti non pensiamo dall'esterno alla realtà e ai suoi significati, ma diveniamo loro testimoni nel nostro intimo. Questi significati fondamentali sono ciò che chiamiamo "voci della realtà", o – riconoscendo la nostra limitata prospettiva umana – "voci della realtà umana".

Il senso di realtà, di presenza, di preziosità, di abbondanza, provato da un contemplatore, attesta che è in atto un'intima relazione con queste voci del reale.

Pilastro 7: Trasformazione

Il senso di realtà e preziosità che sperimentiamo durante la contemplazione, nonché quello di pensare e parlare dalla profondità interiore, indicano che, in quei momenti, qualcosa di significativo sta accadendo in noi. In momenti di profonda contemplazione io non sono più un pensatore che indaga dall'esterno un oggetto del pensiero, bensì sono immerso in uno spazio interiore in cui mi trovo abbracciato da significati fondamentali.

Certamente, in questo spazio alternativo non mi perdo completamente; non dimentico mai di essere seduto su una sedia o di avere un libro in mano. Eppure, a un certo livello di consapevolezza, o in una determinata regione del mio essere, io entro in un mondo di significati fondamentali. Io, ora, divengo un'onda dell'oceano, e con esso mi muovo.

In questo senso, si può affermare che, durante la contemplazione, una determinata parte del mio essere viene trasformata. In ogni caso, questa esperienza potente non dura molto a lungo. Una volta che la contemplazione è terminata, si torna indietro al nostro normale stato mentale. Anche con ciò, però, la nostra profondità interiore non scompare del tutto. Anche quando non la si vive più in modo intenso, essa può continuare a persistere in un angolo della nostra mente.

Praticare con regolarità la contemplazione aiuta a tenere sveglia la nostra profondità interiore anche al di là dei momenti di sessione – almeno in una certa misura. Più pensiamo, sentiamo ed agiamo dalla nostra profondità interiore, meno lo facciamo dai nostri schemi psicologici automatici. Sebbene sia probabile che la pratica della contemplazione non sostituisca mai del tutto la nostra personalità con una nuova personalità illuminata, essa, tuttavia, può favorire lo sviluppo di un aspetto ulteriore nella nostra vita interiore.

Capitolo 9

RIFLESSIONI SUI PILASTRI DELLA DEEP PHILOSOPHY

1. Oltre la lontananza
(Riflessione sul pilastro 1: Anelito alla realtà)

Il mondo di tutti i giorni è remoto. Io percepisco persone e oggetti attorno a me, assieme alla distanza che mi separa da essi. Li percepisco sempre come "là", posti al di fuori del mio corpo e dei miei organi di senso. Posso pensare ad essi, posso vederne la forma, udirne i suoni, percepirne la consistenza, ma sarò sempre separato da loro. Io sono distante persino da me stesso: quando penso a me stesso, i miei pensieri rivolti a me stesso mi trasformano in un oggetto del pensiero.

Viviamo dunque nel modo della lontananza. Come conseguenza, si avverte la monotonia della vita quotidiana, la sua indifferenza alienata, la sua remota oggettività. "Fatti", "oggetti", "cose" – queste parole si riferiscono a tale lontananza.

Di solito questa lontananza si dà per scontata. A cos'altro si potrebbe infatti aspirare? Eppure, noi desideriamo superare tale lontananza, per sentire più pienamente il reale. A volte, questo desiderio ci spinge a ricercare esperienze esaltanti, oppure che eccitino e appassionino – oppure abbracciamo ideologie e movimenti sociali; tutto ciò, però, non costituisce una risposta reale alla mancanza di realtà; può al massimo eccitare i nostri sentimenti e le nostre esperienze, ma non può offrirci la vera realtà. Ciò che bramiamo è un modo radicalmente differente di essere nel mondo, che non sia caratterizzato dalla distanza.

Tuttavia, in alcuni momenti particolari – in natura, insieme a un'altra persona, in contemplazione, oppure mentre svolgiamo esercizi spirituali – a volte percepiamo la presenza possente di una realtà meravigliosa – anche se solo per un attimo. La descriviamo, di solito, in modi peculiari, dicendo di essere stati toccati profondamente, di averla avvertita intensamente, di essere stati pervasi da una presenza, o essersi sentiti completamente aperti al mondo. Tali espressioni indicano che, per pochi momenti, il nostro senso di separatezza si dissolve. Ciò di cui siamo testimoni non è "qualcosa" di remoto al di fuori di noi, né un oggetto del pensiero o della percezione, bensì è l'effettività della realtà nel nostro essere intimo. È come se la distinzione fra dentro e fuori iniziasse dissolversi.

Questa percezione del reale non è una scoperta nuova. Mistici e poeti di ogni epoca, come pure pensatori spirituali di ogni tradizione religiosa, raccontano di esperienze di una realtà straordinaria, nonché del loro desiderio di questa realtà. Nella Deep Philosophy abbiamo lo stesso profondo desiderio – ma non perché seguiamo una fede religiosa o un ideale di bellezza poetica, bensì perché vogliamo superare la separatezza e il senso di una irrealtà indifferente, prendendo parte alla realtà nel modo più pieno possibile per l'essere umano.

2. Comprensione tramite inclusione
(Riflessione sul pilastro 2: Profondità interiore)

L'intensa realtà di cui facciamo esperienza nei momenti di contemplazione filosofica non è solo un sentimento. Esso coinvolge anche una comprensione, che giunge a noi dal testo filosofico che stiamo contemplando.

Questa non è una comprensione di tipo ordinario. Non è l'abituale "comprendere" rivolto "a" qualcosa, caratteristico di quando pensiamo a un certo argomento, bensì è un profluvio di significati che mi investe e mi riempie di sé. Come un'onda nell'oceano, io includo in me i movimenti dell'oceano dei significati. Un'onda non "guarda a" – né "pensa a" – questa massa dell'oceano, tenendosene a distanza; essa, al contrario, ne comprende in se stessa il moto. Questa è una comprensione tramite inclusione, non tramite rappresentazione.

È questo il tipo di comprensione che cerchiamo di ottenere con la contemplazione. Messo da parte il nostro io psicologico, bisogna aprire uno spazio interiore in cui i significati possano manifestarsi in tutta la loro realtà. Qui noi diveniamo testimoni dei significati del testo in un luogo che si trova all'interno di noi stessi, al di là delle nostre normali strutture di pensiero.

Questo è ciò che noi chiamiamo la nostra "profondità interiore". La metafora della "profondità" viene dall'immagine di una fonte o una radice nascosta nel sottosuolo. Come una sorgente d'acqua che emerge dalle profondità della terra, o come le radici sotterranee di un albero da cui si origina l'albero visibile, la nostra profondità interiore è ciò che, pur essendo nascosto, è il fondamento delle nostre comprensioni. Essendo qualcosa di più originario dei meccanismi psicologici che governano il pensare-a, tale profondità si trova prima della divisione della realtà in soggetto e oggetto.

3a. Idee filosofiche come porte di accesso al fondamento
(Riflessione sul pilastro 3: Filosofia)

In un certo senso, si può fare "contemplazione con testi" utilizzando ogni tipo di testo – persino un libro di storia, un romanzo d'amore, un articolo di giornale. Se contemplare significa semplicemente leggere un testo in silenzio e ascoltarlo nel nostro intimo, allora esso non deve essere per forza profondo o filosofico. Eppure, nei testi filosofici vi è qualcosa di speciale, che porta la contemplazione a un livello del tutto differente; qui contemplare significa qualcosa di molto più specifico.

La filosofia lavora con idee generali – l'idea generale di amicizia (non l'amicizia particolare di qualcuno), l'idea di libertà (non l'atto libero compiuto in un certo momento da una persona determinata), e così via. Al contrario, un libro di storia o un articolo di giornale si occupano di cose ed eventi particolari accaduti a una certa persona o a una determinata famiglia, o ad accadimenti relativi a una nazione particolare o a un luogo determinato, come una guerra o una protesta di strada. Inoltre, le idee filosofiche sono idee fondamentali, poiché sono in relazione al fondamento del mondo.

In un certo senso, idee generali o fondamentali si possono ritrovare non solo in testi filosofici, ma anche in motti popolari o in canzoni d'amore ("L'amore è tutto ciò di cui si ha bisogno", per esempio, significa che l'amore è un bisogno umano di base). Qui ci imbattiamo, però, in una differenza sostanziale. La filosofia lavora sempre con più di un'asserzione isolata. Essa cerca di comporre una elaborata rete di idee, con cui si vuole esprimere una prospettiva complessa sulla vita o sulla realtà – in altre parole, una visione del mondo. In effetti, arricchendo un motto popolare fino a trasformarlo in una rete complessa di idee, il risultato può essere una filosofia.

In breve, la filosofia opera con sistemi di idee generali che esprimono aspetti fondamentali del reale. Fare contemplazione con un testo filosofico, perciò, equivale a "entrare dentro" la visione del mondo plasmata da tali idee generali e fondamentali. Si può persino dire che equivalga a "entrare dentro un mondo" poiché, quando si fa davvero attività di contemplazione con un testo, non si *pensa ad* esso come quando lo si analizza intellettualmente ma, piuttosto, ci si lascia avvolgere dai suoi significati fondamentali così come si è avvolti dal mondo. Vi si entra, in un certo senso, come si entra nel mondo di un romanzo, di un film, o di un gioco.

In questo senso, le teorie filosofiche funzionano come porte attraverso le quali si può entrare nel regno del fondamento della realtà umana – purché non si pensi a tale realtà in modo intellettuale, ma la si contempli dal suo interno.

3b. Fare filosofia oltre le teorie
(Riflessione sul pilastro 3: Filosofia)

La Deep Philosophy è radicata nella tradizione della filosofia Occidentale, e con essa condivide le sue caratteristiche principali. In primo luogo, come pressoché tutti i filosofi del passato, noi, in quanto praticanti della Deep Philosophy, ci occupiamo dei problemi fondamentali della vita e del mondo. In secondo luogo, come tutti i filosofi, al fine di gettare luce su tali problemi fondamentali lavoriamo con reti di idee. In terzo luogo, anche noi, come loro, impieghiamo in particolare i poteri della mente, invece della fede cieca, da una parte, e dell'osservazione empirica (scientifica) dall'altra. Ovviamente, i filosofi usano una più ampia varietà di poteri della mente – analisi logica, senso comune, intuizione, introspezione, ecc. – mentre noi usiamo soltanto alcuni di essi

– tra cui, in particolare, il pensiero contemplativo. Da ultimo, anche noi, come loro, sviluppiamo le nostre idee in dialogo coi filosofi che ci hanno preceduto.

Queste quattro caratteristiche si applicano, di fatto, a ogni filosofo appartenente alla storia della filosofia Occidentale. Quei pensatori che non possiedono tutte e quattro le caratteristiche ricordate sopra non sono considerati filosofi e, perciò, non fanno parte della tradizione filosofica. Poiché la Deep Philosophy fa proprie queste caratteristiche, essa, da questo punto di vista, appartiene a quella tradizione.

Per altri aspetti, tuttavia, la nostra attività in Deep Philosophy è differente da quella dei filosofi tradizionali: mentre quasi tutti i filosofi hanno lavorato alla creazione di teorie che trasmettono verità sul reale, per noi le teorie non hanno valore in quanto espressioni di verità. Pur nutrendo un grande interesse per gli scritti filosofici, noi non ricerchiamo una rappresentazione accurata della realtà. Apprezziamo testi che siano profondi, ma non necessariamente anche le loro pretese di verità – amiamo testi che ci mettono in contatto col fondamento, non quelli che ci forniscono astratte descrizioni dello stesso. Le teorie (o reti di idee) sono per noi un passaggio intermedio sulla via che conduce al nostro vero fine, che è quello di prender parte all'oceano del reale.

3c. Significati contro idee
(Riflessione sul pilastro 3: Filosofia)

Se noi cerchiamo il reale, perché contempliamo idee filosofiche? Le idee della filosofia sembrano astratte e remote; come potrebbero portarci più vicino alla realtà viva?

Qui dovremmo distinguere le *idee* filosofiche dai *significati*. Le idee, in effetti, sono remote perché sono "cose nella nostra mente" – elementi concettuali che manipoliamo col pensiero, registriamo in scritti, ci passiamo gli uni agli altri. Si possono distinguere differenti tipi di idee: vi sono i concetti (come il concetto di "cavallo" o di "giustizia"), le affermazioni (come "il Sole splende"), le spiegazioni, le teorie, ecc.; le idee, però, hanno un importante elemento in comune: sono oggetti astratti, presenti nella nostra mente, che significano il mondo – lo rappresentano, si riferiscono ad esso – come realtà posta al di fuori delle idee stesse.

La distanza che separa le idee da ciò che esse significano implica che la loro capacità di metterci in relazione con la realtà è fortemente limitata. Finché pensiamo con le idee, i nostri saranno pensieri riguardo "a" ciò che è reale e, con ciò, si relazioneranno al reale mantenendosi necessariamente a distanza. Per questa ragione, le idee filosofiche non ci interessano per sé, bensì soltanto nella misura in cui possiamo trascenderle.

È proprio questo ciò che facciamo nella Deep Philosophy: usiamo le idee filosofiche per andare oltre le idee. Per mezzo delle idee, giungiamo al fondamento che dà loro origine – che è la realtà umana. Con "realtà umana", però, non intendiamo alcunché di materiale, come pietre, alberi, molecole, bensì ci riferiamo a quei significati fondamentali che la nostra mente non ha ancora trasformato in oggetti del pensiero.

Nelle sessioni di contemplazione quello che sperimentiamo è la differenza tra idee e significati; ciò è accompagnato spesso dalla percezione di una forte significatività che, però, non sappiamo come tradurre in idee definite. La percepiamo come qualcosa che, essendo più originario dei nostri concetti, trascende le nostre stesse strutture linguistiche e concettuali.

La contemplazione filosofica rende presente nella nostra mente questa realtà fondamentale (ossia i significati fondamentali che la costituiscono), la quale è appena descrivibile a parole. Ciò non dovrebbe sorprendere molto: la realtà, dopo tutto, è già in noi – noi ne siamo parte, come onde dell'oceano; essa, perciò, può manifestarsi in noi, come i movimenti dell'oceano si manifestano in un'onda. La contemplazione può suscitare in noi non solo una rappresentazione del movimento originario, bensì il movimento originario stesso.

Per usare una metafora differente, si può dire che la contemplazione filosofica riesce a far "parlare" in noi la realtà con le sue voci originarie. I significati fondamentali, a differenza delle idee, non sono astrazioni, bensì sono la realtà stessa che "parla" in noi. Tali significati divengono astrazioni solo quando vengono trasformati in idee relative a qualcosa, quali ad esempio concetti o teorie. I significati in sé – i quali precedono l'atto oggettivante del nostro pensiero – sono i "suoni" che compongono la "musica" delle nostre vite.

È questo il motivo che ci spinge a lavorare con idee filosofiche e ad usare testi che sono filosofici. La filosofia ha a che fare con idee fondamentali, che dobbiamo imparare ad ascoltare se vogliamo che esse manifestino in noi significati fondamentali.

4a. La contemplazione come trascendimento di sé
(Riflessione sul pilastro 4: Contemplazione)

Noi facciamo contemplazione perché vogliamo superare i limiti dei nostri schemi di pensiero ordinari, i quali hanno la struttura del pensare-a. Secondo tale struttura, il pensiero seleziona uno specifico oggetto-del-pensiero (una persona, un evento, un'idea, o un qualsiasi altro oggetto), separato dal resto del mondo, e su di esso asserisce qualcosa – per esempio: "l'albero è alto", oppure: "l'amore è un'emozione intensa".

Questa forma di pensiero è utile quando abbiamo a che fare con oggetti determinati del nostro mondo, ma è inappropriata quando vogliamo entrare in relazione alla realtà più profonda dei significati originari. Poiché essa coglie il reale attraverso la lente di elementi oggettivati, essa non può trattare del reale come esso è prima che questo venga oggettivato e modellato dalle nostre strutture psicologiche che lo trasformano in oggetti del pensiero.

Il ruolo svolto dalla contemplazione è quello di permetterci di trascendere tali strutture. L'esperienza ci mostra che quando contempliamo, noi non pensiamo più con la nostra abituale psicologia oggettivante, bensì con un'altra parte del nostro essere. Non vi è bisogno di speculare sulla sua natura; possiamo solo prendere atto della sua esistenza, poiché, infatti, siamo già in grado di pensare da un punto che è presente in noi stessi, pre-oggettivo e originario, ossia dalla nostra profondità interiore.

Il problema è che non si tratta di qualcosa di semplice da compiere. Non possiamo attivare la nostra profondità a piacere, poiché essa non è governata dai meccanismi psicologici dell'io. Per contemplare dobbiamo costringere il nostro io psicologico a rinunciare al controllo, aspettando che la nostra profondità interiore inizi a parlare.

Anche questo, però, non è un compito facile. Non possiamo evitare di usare i nostri normali schemi di pensiero – il nostro "pilota automatico" – semplicemente decidendo di non usarli. Abbiamo bisogno di tecniche che ci vengano in aiuto. A ciò servono i vari metodi contemplativi che usiamo: essi sopprimono i nostri ordinari schemi di pensiero psicologici, aprendo, al loro posto, una "radura", vale a dire uno spazio interiore di attenzione silenziosa, che gode di una relativa libertà rispetto alla nostra normale sfera psicologica.

Il risultato è una forma molto differente di pensiero, la quale, emergendo da una sorgente più originaria posta in noi, è creatrice di significati molto più profondi dei concetti e delle idee fondate sulla nostra psicologia. Anche se questi significati non sono così netti e ben definiti come lo sono gli oggetti del pensiero, hanno il vantaggio di non rientrare in stretti schemi di pensiero discorsivo. È per questo che, nella contemplazione, spesso ci accade di percepire significati che non sappiamo mettere in parole, oppure di essere inondati da intuizioni di una intensità e concretezza che gli oggetti del pensiero non potranno mai avere, o di sentirci espandere oltre i nostri confini ordinari.

4b. Il potere della contemplazione
(Riflessione sul pilastro 4: Contemplazione)

La contemplazione di testi ha il potere speciale di far sì che significati profondi assumano un'intensità estrema per il contemplatore. Questo potere è dovuto non solo a *ciò* con cui svolgiamo la contemplazione, ma, prima di tutto, a *come* la facciamo – in altre parole, non solo al contenuto filosofico in sé, ma, principalmente, allo stato della mente col quale entriamo in relazione ad esso. Il pensiero razionale ha un limitato potere di modificarci, perché esso ci mette in rapporto a oggetti del pensiero, lasciandoci, per il resto, del tutto immutati. La contemplazione, al contrario, ha su di noi un potente effetto, perché modifica l'atto del pensare e, con esso, la mente stessa.

Quando faccio contemplazione con un testo filosofico, ciò che è presente a me non sono oggetti del pensiero come idee o concetti, bensì significati pre-oggettivi che non sono né nell'oggetto né nel soggetto. Reali al massimo grado, essi riempiono completamente il mio spazio interiore, apparendo come realtà né soggettive né oggettive. Tali significati sono elementi del reale – non pensieri attorno al reale, né rappresentazioni del reale, bensì il reale stesso che si manifesta in me, significati reali nella loro autentica realtà.

Con una metafora, posso immaginare me stesso come un'onda in un oceano di significati fondamentali. I movimenti dell'acqua dell'oceano sono anche nell'onda che io stesso sono. Proprio come non vi è separazione alcuna fra l'onda e l'acqua dell'oceano, non ve ne è alcuna fra me e i significati della realtà. Io stesso sono in quei significati fondamentali, così come essi sono in me. Meglio ancora: io *sono* l'acqua dei significati fondamentali e, a sua volta, quest'acqua è ciò che io stesso sono.

Secondo quanto suggerisce questa metafora, quando si contemplano idee filosofiche si entra in un oceano di significati. Si entra, in altre parole, all'interno di una realtà alternativa, differente dal mondo ordinario composto di cose materiali.

Qui ad essere utilizzata è una capacità umana rimarchevole: quella di accedere a realtà alternative. Quando guardiamo un film o leggiamo un romanzo, ci introduciamo in un mondo immaginario, di cui facciamo esperienza dall'interno in prima persona. Seguendo i personaggi e lo svolgimento della storia, possiamo provare paura, sollievo, speranza o disappunto, come se gli eventi accadessero proprio a noi o a chi ci è vicino. Ciò che qui importa notare, però, è che noi non ci perdiamo completamente in tale mondo alternativo. Non arriviamo mai a credere che i personaggi dello schermo siano persone reali. Un disturbo improvviso può facilmente trarci fuori da questa realtà alternativa. È evidente che, da qualche parte nella nostra mente, sappiamo di essere di fronte a un film o a un romanzo.

Anche nella contemplazione filosofica entriamo all'interno di un mondo alternativo. Qui, però, vi è una differenza da notare: non ci muoviamo ora in un mondo di oggetti, non ci aggiriamo tra persone, pietre, fiori, bensì in qualcosa di completamente diverso – in un mondo di significati pre-oggettivi e fondamentali. Qui ci troviamo in un ordine del mondo totalmente differente, che rimodella le strutture di base della nostra stessa esistenza.

Non tutti i testi filosofici, però, sono adatti alla meditazione. Se il testo ritrae un mondo fatto di cose, esso ci ricondurrà a questo mondo di cose, trasformandoci in osservatori di tali cose. Non accade granché se si fa contemplazione con un tale testo. Ma se il testo è profondo, se indica un mondo di significati fondamentali che non possono essere oggettivati, allora potrà rimodellare l'io stesso e la sua relazione col mondo. Una volta entrati in tale testo per mezzo della contemplazione, non saremo più la stessa persona – almeno per la durata della sessione. Saremo un'onda nell'oceano, e la realtà dell'oceano sarà parte di noi. Noi saremo nell'oceano ed esso sarà in noi, abbracciati dalla realtà e dalla pienezza.

È ovvio che, come accade quando guardiamo un film o leggiamo un libro, non ci perderemo mai in tale realtà alternativa. Da qualche parte, nella nostra mente, saremo sempre consapevoli del mondo ordinario fatto di oggetti che ci sta attorno, come pure di noi stessi in quanto persone che leggono un testo. Una parte di noi, però, si troverà nello stato di contemplazione: è a questo livello che saremo trasformati.

5a. La metafora uditiva
(Riflessione sul pilastro 5: Risonanza)
I filosofi tradizionali investigano aspetti fondamentali della

realtà, cercando di costruire teorie su di essi. L'utilizzo di teorie-su si fonda sulla metafora visiva del "guardare" e del "vedere". Immaginiamo la realtà come una sorta di paesaggio che si estende di fronte a noi, e la teoria come mappa o immagine che rappresenta tale paesaggio. Scopo della teoria è di corrispondere a questa realtà, proprio come la mappa di una città rappresenta le strade della città o come la fotografia di un volto corrisponde a quel volto. Seguendo questa metafora visiva, quando cerchiamo di rappresentarci la realtà nei nostri pensieri o nelle nostre parole, noi, in effetti, ci stiamo ponendo in relazione ad essa dalla prospettiva di un osservatore esterno.

La metafora visiva, però, non è l'unico modo che abbiamo a disposizione per entrare in relazione al reale. Una metafora alternativa è quella dell'"udire" – o dell'"ascoltare". L'udire non implica una relazione fra un'immagine e un oggetto, perché il suono che io percepisco non assomiglia all'oggetto che emette il suono, né i dettagli del primo corrispondono ai dettagli del secondo. Quando percepisco un fischio, per esempio, posso anche non sapere se esso proviene da un uccello, da una persona, o da una macchina.

Inoltre, l'ascolto non mette in atto una relazione esterna. Nell'udire, io faccio esperienza di un suono che, giungendomi dall'esterno, risuona all'interno della mia mente. Se voglio ascoltarlo con cura, basta che io chiuda gli occhi e vi presti attenzione *nella mia interiorità*. L'oggetto esterno che produce il suono è nascosto al mio udito.

Quella dell'"udire", quindi, è una metafora che chiarisce meglio il modo in cui noi, nella contemplazione filosofica, ci relazioniamo a idee e significati – sebbene, come tutte le metafore, anche questa abbia dei limiti. Proprio come accade quando ascoltiamo un suono, in contemplazione noi "ascoltiamo" le idee, come se esse, giungendo a noi da lontano, divenissero presenti dentro di noi. Noi, dunque, le ascoltiamo mentre ci riempiono la mente, facendoci dono, al nostro interno, della loro stessa presenza. Questo è ciò di cui i contemplatori fanno esperienza. L'"ascolto" di idee è un atteggiamento interiore assai diverso da quello del "guardare" le idee.

Seguendo la metafora uditiva, nella contemplazione le idee sono l'analogo dei suoni. Ma i "suoni" che ascoltiamo nella contemplazione filosofica non sono vuoti rumori; essi hanno un significato e possiedono una struttura interna. Possiamo perciò chiamarli *voci*. Fare contemplazione di testi filosofici è analogo ad ascoltare "voci".

La metafora della voce ci consente di distinguere tra loro due elementi: da una parte vi sono i suoni, e dall'altra i significati espressi per mezzo di quei suoni. Ascoltando le idee del testo (i "suoni") noi, in pratica, siamo in ascolto dei significati che quei suoni veicolano. Così come quando ascoltiamo un discorso noi, "attraverso" i suoni, ascoltiamo i significati che essi esprimono, allo stesso modo in una contemplazione noi ascoltiamo, "attraverso" le idee, i significati fondamentali che da tali idee sono rivestiti.

Un'altra utilità della metafora della voce è che essa ci permette di dare espressione all'esperienza contemplativa di idee che risuonano – o "parlano" – *in* noi. Un'affermazione analoga, espressa nel linguaggio visivo del vedere ("vedere in noi"), non avrebbe senso. In effetti, la metafora uditiva comporta che la distinzione fra ciò che è in me e ciò che fuori di me sia vaga: così come i suoni, di cui facciamo esperienza sia come qualcosa che proviene dall'esterno, sia come qualcosa che risuona in noi, anche le idee, nella contemplazione, sono esperite come qualcosa che è nel testo e, allo stesso tempo, come qualcosa che risuona nelle nostre menti.

Infine, la metafora uditiva ci consente di affermare che l'interazione coi nostri compagni e coi testi avviene grazie alla "risonanza" che instauriamo con essi – la quale è sempre una relazione fra voci. La nozione di risonanza trascende sia le dicotomie che derivano dal pensare-a, sia quelle che nascono dal contrasto fra l'accordo e il disaccordo e fra il vero e il falso. Tali dicotomie governano l'ambito visivo di una rappresentazione e di un pensiero oggettivanti e del rapporto fra soggetto e oggetto. Al contrario, la nozione uditiva di risonanza permette ai contemplatori di replicare a ogni data voce con un ventaglio di risposte differenti, poste oltre la semplice dicotomia tra vero e falso.

5b. Due significati di risonanza
(Riflessione sul pilastro 5: Risonanza)

Durante una contemplazione noi conversiamo sia col testo sia gli uni con gli altri in un modo particolare – tramite la risonanza. La nozione di risonanza ha due significati. In un senso più ampio, è una procedura. In un senso più specifico, è una condizione della mente.

Come procedura, risuonare significa rispondere alle idee di una persona o di un testo parlando "assieme" ad esse, piuttosto che "di" esse. Invece di analizzarle, invece di valutarle o criticarle, invece di esser d'accordo o in disaccordo con esse, si parla assieme, come accade alle differenti voci di un coro. Come fanno i musicisti jazz quando improvvisano assieme, possiamo rispondere alla frase del nostro compagno con una nostra frase, oppure possiamo completare le melodie gli uni degli altri o arricchirle con nuove armonie, oppure possiamo sviluppare un particolare tema musicale – creando assieme, con ciò, una ricca sinfonia di significati.

La risonanza, però, può avere anche un carattere più intimo. Come condizione mentale, che io interiorizzo la procedura della risonanza e la proseguo nella mia mente, accogliendo in me le idee senza giudicarle, e lasciando che si muovano liberamente in me, senza analizzarle e senza valutarle. A questo livello, le idee non sono più né affermazioni né teorie riguardanti il modo in cui stanno le cose, bensì significati che, in me, interagiscono fra loro in modi complessi.

Queste interazioni creano nuovi significati, che sperimentiamo come comprensioni preziose. Così come il soprano e il tenore, cantando assieme, creano nuove qualità sonore, allo stesso modo due idee possono creare nuovi significati che non esistono in ognuna di esse prese isolatamente.

La risonanza ha poco senso se si concepiscono le idee come affermazioni-riguardo-a qualcosa. In un discorso attorno a ciò che è vero e ciò che è falso, non si possono accettare, allo stesso tempo, due affermazioni contraddittorie – per esempio, che l'io è una cosa pensante (Cartesio) e che l'io non è che finzione (David Hume). Solo una delle due può essere accettata come vera. Ma se queste due idee vengono considerate espressioni, sotto forma di voci, di significati fondamentali, possono essere accettate entrambe come voci di un coro di significati e, di conseguenza, possono essere accolte entrambe.

Ciò non significa che ogni idea sia accettabile. La risonanza che avviene in un "concerto" di significati filosofici non è più arbitraria di una risonanza che si produce in un concerto di strumenti musicali: non tutte le combinazioni creano risultati egualmente significativi. La loro significatività può dipendere in parte da come queste "voci" particolari interagiscono le une con le altre e, in una certa misura, da come i contemplatori le trattano a seconda della loro cultura e delle loro caratteristiche individuali.

5c Essere-insieme profondo
(Riflessione sul pilastro 5: Risonanza)

In una contemplazione di gruppo si risuona nel modo dell'essere-insieme. L'essere-insieme è in relazione alla risonanza, ma le due cose sono ben distinte l'uno dall'altra. La risonanza è un'attività – è qualcosa che facciamo in alcuni momenti, parlando e pensando in certi modi; l'essere-insieme, invece, è una relazione. Possiamo essere-insieme anche quando stiamo tranquillamente seduti senza dir nulla, oppure quando, terminata la sessione, non siamo più in contemplazione, ma ancora sotto la sua influenza. La risonanza inizia in un certo momento e finisce in un certo momento – per esempio, quando interrompo la mia contemplazione per accendere la luce o cambiare sedia. Il nostro essere-insieme, però, non si arresta per alcuni secondi solo perché ci prendiamo una pausa. L'attività del risuonare è molto rilevante per la relazione dell'essere-insieme: è la prima a contribuire a creare la seconda.

Nella Deep Philosophy, l'essere-insieme dovrebbe essere distinto da altri modi dello stare assieme. Nella vita quotidiana spesso ci sentiamo assieme quando stiamo in compagnia gli uni degli altri, come accade durante un pic-nic fra amici; sta assieme anche una squadra sportiva che agisce in modo coordinato per raggiungere un fine comune, o anche dei progettisti quando riflettono e studiano assieme, completando e sviluppando le idee gli uni degli altri, così che il risultato finale è il prodotto del contributo di ognuno.

Questi modi di stare assieme – stare assieme nel sentire, nell'agire, nel pensare – assai comuni nella vita di ogni giorno, sebbene possano presentarsi anche in un gruppo di Deep Philosophy, non sono per noi di alcun interesse. Vi è, infatti, un tipo di essere-insieme profondo che trascende le attività quotidiane e può essere chiamato "essere-insieme profondo".

Nell'essere-insieme profondo noi ci relazioniamo gli uni agli altri dalla nostra profondità interiore e, con ciò, andiamo al di là del pensiero individuale. Insieme diveniamo parte di una realtà che, trascendendo la nostra separatezza, abbraccia tutti noi. È questa la realtà condivisa dei significati fondamentali – o voci – che, come gruppo, ci ispira; o, per usare una metafora differente, è questo l'oceano del quale noi siamo onde. Ciò non significa negare la nostra individualità o le nostre differenze individuali, ma solo riconoscere che una realtà più vasta ci abbraccia e ci fa muovere assieme.

Al culmine della contemplazione, i confini tra di noi si dissolvono – ma solo fino a un certo punto. Per essere più precisi, a dissolversi qui non sono io stesso – io non scompaio dalla sessione – bensì è l'"esser-mio" dei miei pensieri e delle mie esperienze. Il confine netto che normalmente separa il mio pensiero dal pensiero dell'altra persona inizia a dissolversi e, con ciò, le mie esperienze non sono più chiaramente distinte dalle sue. Io sono ora un'onda in un oceano di significati, posta a fianco di altre onde (i compagni di sessione), non più proprietario dei "miei" pensieri né delle mie esperienze, né più una mente separata che contiene idee e sentimenti privati. Il mio "io" perde il suo *status* speciale di centro del mio mondo. Non vi è più la "mia" profondità interiore contrapposta alla "tua" profondità interiore, ma vi è solo profondità interiore.

Tutto ciò potrebbe forse essere equiparato a una sorta di trascendimento estatico di sé, ma questo è vero solo fino a un certo punto. Infatti, il trascendimento di sé di cui si tratta qui non è mai completo. Come nel caso di coloro che, guardando film o leggendo libri, entrano in una realtà alternativa soltanto fino a un certo punto, anche in questo tipo di estasi contemplativa il coinvolgimento avviene, solitamente, solo per parte del nostro essere. Mentre una parte di me si libra nel regno di significati fondamentali posti oltre l'"esser-mio", un'altra parte di me è ancora il mio io individuale che pensa i suoi propri pensieri e comunica con gli altri. L'essere-insieme profondo è sempre parziale.

In questi momenti di profondo essere-insieme parziale, spesso ci accorgiamo che le idee appaiono come da sé nella nostra mente, in risonanza sia col testo, sia le une con le altre; esse, come se avessero una loro vita propria, parlano da sé "attraverso" le nostre menti e le nostre bocche. Il risultato è un flusso "non-posseduto" di voci – una sinfonia senza compositore, una polifonia di significati che abbracciano tutti noi, una realtà che è più della somma delle menti separate di coloro che partecipano alla sessione.

L'essere-insieme profondo, quindi, è molto differente dallo stare assieme quotidiano. Ciò non significa, però, che tale condizione produca necessariamente emozioni più forti dell'altro. Le emozioni, per quanto valide possano essere, sono parte del mondo dei soggetti psicologici, che nella contemplazione vengono trascesi; in sé, perciò, possono apparire anche in situazioni che hanno ben poco di profondo (per esempio, quando giochiamo assieme a calcio, o quando soffriamo assieme in carcere). Ciò che nell'essere-insieme profondo vi è di speciale ha luogo a un livello differente del nostro essere; ha luogo al livello delle voci, vale a dire dei significati fondamentali. In tale stato, ciò di cui noi facciamo esperienza è qualcosa di speciale, ma ciò non dipende dalle emozioni; esso nasce, piuttosto, dal senso di preziosità e persino di sacralità, nonché dalla consapevolezza della realtà dell'oceano più grande cui tutti noi apparteniamo. Queste esperienze – non importa quanto intense, quanto delicate, quanto potenti, quanto sconvolgenti o appena percepibili siano – sono movimenti della profondità.

6a. Significati al di là di descrizioni
(Riflessione sul pilastro 6: Voci della realtà)

La contemplazione ci permette di trascendere i limiti del nostro pensiero ordinario, offrendoci il mezzo per entrare in relazione a quegli aspetti originari del reale – a ciò che noi chiamiamo "voci della realtà umana" o "significati fondamentali" – che si trovano oltre la portata del nostro pensiero oggettivante. Quando il pensiero oggettivante prova a catturare tali aspetti per mezzo di descrizioni, esso, inevitabilmente, impone ad essi la struttura del soggetto-rispetto-a-un-oggetto e, con ciò, li distorce. La contemplazione, tuttavia, ci consente di cogliere tali aspetti in modo non oggettivante; con ciò, essa ci apre a un mondo che non è foggiato dalla prospettiva di un soggetto che si oppone a un oggetto.

Pertanto, il mondo degli oggetti non è una prigione inevitabile. Ciò non vuol dire che si abbia accesso alla realtà ultima. In quanto esseri umani, siamo probabilmente vincolati dai limiti della nostra stessa mente. Il punto è, però, che i limiti della comprensione umana sono più ampi dei limiti del pensiero oggettivante. È probabile che la nostra capacità di comprendere il reale sia limitata, ma, in ogni caso, è più ampia della nostra capacità di pensare-a oggetti e di parlare-di oggetti.

Che si possa cogliere altrimenti ciò che non si può catturare in descrizioni non è, di per sé, sorprendente. Ciò richiama alla mente il modo in cui sentiamo sapori o vediamo colori senza essere capaci di descriverli. Come si potrebbe descrivere il gusto del caffè, se non in modo assai vago? L'analogia coi gusti o coi colori può però essere fuorviante, perché i colori sono situati in uno spazio oggettivo, mentre i significati non lo sono; ma questo esempio mostra comunque che una incapacità di descrivere non implica una incapacità di sentire e di cogliere.

Ancora, però, si potrebbe legittimamente richiedere una spiegazione, anche se generica e vaga, di cosa siano tali voci – o significati fondamentali.

Una risposta immediata è: bisogna provare a contemplare, così da poter vivere tale esperienza in prima persona. Si può, però, dire di più. Per prima cosa, le nostre esperienze contemplative ci dicono che i significati fondamentali non sono categorie neutre come i concetti astratti, ma, piuttosto, sono qualità di valore, delle quali riconosciamo la preziosità e, talvolta, persino la sacralità. L'essere prezioso e di valore esprime un modo di darsi di tali significati. Farne esperienza è fare esperienza della loro preziosità.

In secondo luogo, come la nostra esperienza di contemplazione ci insegna, tali qualità sono generative – o creative. Esse fanno nascere immagini, idee, associazioni mentali. Non sono qualità inerti, ma un'abbondanza dinamica.

Possiamo dunque dire che i significati fondamentali agiscono come fonti di nuovo significato, di preziosità, di abbondanza. Essi sono origine di ciò che in noi è estremamente prezioso – almeno per la durata della contemplazione.

6b. Voci al di là di teorie
(Riflessione sul pilastro 6: Voci della realtà)

Quando si prendono in considerazione i significati fondamentali che chiamiamo "voci della realtà", si potrebbe essere tentati di costruire teorie su di essi. Si potrebbe elaborare una teoria che li descriva, ad esempio, come qualcosa di simile a idee platoniche determinanti l'essenza di tutte le cose, che potremmo classificare secondo una gerarchia fissa – dall'idea più generale, posta al vertice, alle idee più specifiche situate in posizioni sempre più basse.

Questa teoria ben strutturata, tuttavia, equivarrebbe a trasformare le voci in ciò che esse non sono, vale a dire in cose viste dall'esterno. La descrizione di qualcosa, così come la sua teorizzazione, implica che si ponga questa cosa di fronte all'occhio della mente, per ispezionarla dalla prospettiva di un osservatore esterno.

La nostra esperienza contemplativa, tuttavia, rivela qualcosa di molto differente: una voce non è una cosa da ispezionare o a cui pensare, poiché non può essere separata dall'atto del pensare senza che, con ciò, la si distorca; ciò vuol dire che essa è nell'atto stesso del pensare. Una volta che l'ho trasformata in un oggetto del mio pensiero, l'ho persa e, di conseguenza, a me non rimane soltanto che una semplice parvenza di ciò che in origine essa era – così come accade quando una creatura che vive nell'oscurità viene portata alla luce del sole perché la si possa osservare.

Per cogliere davvero una voce, dobbiamo portarla alla nostra consapevolezza, senza però "guardare" ad essa. Dobbiamo aprire in noi uno spazio interiore e lasciare che essa, se vuole, vi si manifesti. Nella contemplazione, tramite speciali esercizi, non facciamo che "introdurre" le parole di un testo nella nostra profondità interiore, affinché da lì possano "parlare". È allora che sentiamo apparire in noi significati non-oggettivati, tali da consentirci di pensare e parlare *da* o *con* essi – ma non *di* essi.

Come filosofi, dobbiamo abbandonare la pretesa di poter ridurre tutto a teorie. Esse, inevitabilmente, lasciano fuori quei significati che non possono essere oggettivati perché, interessando il soggetto stesso, non possono mai passare del tutto dal lato dell'oggetto.

6c. Voci e profondità interiore
(Riflessione sul pilastro 6: Voci della realtà)

Nella Deep Philosophy si dice a volte che è possibile entrare in contatto con la realtà attraverso la "profondità interiore" dell'io, mentre altre volte si dice che si possono ascoltare le "voci" della realtà. Queste due espressioni – profondità interiore e voci – pur appartenendo a linguaggi differenti e utilizzando metafore differenti, si riferiscono ai due lati di una stessa medaglia. "Profondità" è una metafora visiva presa dal mondo degli oggetti situati nello spazio. Essa ci chiede di immaginare che la superficie superiore del nostro essere si opponga a una profondità che giace al di sotto di essa. Al contrario, quella di "voce" è una metafora uditiva che ci invita a immaginare che i significati siano voci non oggettivabili che giungono fino a noi da altri luoghi.

Mettendo assieme queste due metafore, possiamo concludere che la nostra profondità interiore è quel "luogo" in noi in cui possiamo "udire" le voci della realtà. In questo senso, la contemplazione dalla nostra profondità interiore è più o meno simile all'ascolto delle voci della realtà.

7a. Realtà interiore
(Riflessione sul pilastro 7: Trasformazione)

Quando facciamo contemplazione, abbiamo spesso una percezione aumentata della realtà; questo indica che i nostri stati mentali hanno subìto una trasformazione. Nella vita quotidiana, ad esempio, si percepiscono gli oggetti materiali come reali quando, toccandoli, essi offrono resistenza. Se la mano penetra senza sforzo in ciò che appare una parete, allora essa è un'illusione, non una parete reale. Questo tipo di realtà materiale è esterno in due sensi: in primo luogo perché si incontra l'oggetto al di fuori di noi, o, per essere più precisi, al di fuori dei nostri organi di senso – ad esempio, al di fuori dei nostri occhi. In secondo luogo, perché si percepisce soltanto la superficie esterna dell'oggetto. Non si potrà mai fare esperienza dell'interiorità di una parete o di un albero (ammesso che "interiorità di una parete" abbia un senso alcuno).

La realtà che sperimentiamo nella contemplazione, invece, è interna. La sperimentiamo dentro di noi, di solito mentre ci investe con la sua potente presenza. Al contrario, un oggetto materiale non può mai entrare in me e riempire la mia profondità interiore. La sua realtà rimarrà sempre la realtà esterna di un oggetto della percezione.

È la realtà interiore il tipo di realtà che nella Deep Philosophy ricerchiamo. È impossibile catturare questa interiorità con parole ordinarie, poiché queste sono concepite per oggetti esteriori, accessibili a tutti. Per questo usiamo la metafora dell'"onda nell'oceano": come un'onda sente in se stessa i movimenti dell'oceano, noi, durante la contemplazione, sentiamo nascere i significati nella nostra profondità interiore; ciò conferisce loro una realtà particolare.

7b. Tra l'onda e l'oceano
(Riflessione sul pilastro 7: Trasformazione)

La metafora dell'"onda nell'oceano" allude sia alla percezione trasformata della realtà che il contemplatore raggiunge, sia alla relazione trasformata fra il contemplatore (l'onda) e la realtà che questi sta contemplando (l'oceano). Tale relazione trasformata presenta le seguenti caratteristiche.

La prima è che, proprio come un'onda non è separata dai movimenti dell'acqua dell'oceano, anch'io, in modo analogo, non sono separato dalla realtà che percepisco. Poiché i significati fondamentali della realtà (i movimenti dell'oceano, secondo la metafora) si manifestano dentro di me, io non ho da osservarli a distanza. Potremmo dire che una caratteristica importante dell'essere un'onda nell'oceano è che io trovo dentro di me ciò che è reale.

Una seconda caratteristica è che si tratta di una relazione di partecipazione. In quanto contemplatore, io partecipo alla realtà che sto contemplando perché, essendo parte di essa, i miei movimenti si intrecciano ai movimenti di quella. Ciò è differente dalla relazione che si instaura nel pensare-a, in cui l'io e l'oggetto del pensiero sono separati e indipendenti l'uno dall'altro.

Una terza caratteristica è che l'essere un'onda nell'oceano comporta una relazione epistemica – in altre parole, una relazione di conoscenza o di comprensione. Ma a differenza del modo ordinario di conoscenza che si raggiunge tramite rappresentazione (in cui si ha nella mente una rappresentazione di qualcosa), questa è una *comprensione tramite inclusione*: io comprendo certi significati fondamentali perché essi sono già inclusi in me. Come un'onda rinviene dentro di sé, per così dire, i movimenti dell'oceano – le maree, le correnti sottomarine, i vortici – io rinvengo in me, in modo analogo, i significati (o voci) della realtà, anche senza pensare-a essi.

Una quarta caratteristica è che, come un'onda, io entro in rapporto all'oceano tramite un aspetto peculiare del mio essere. Poiché i movimenti (o significati) dell'oceano non mi arrivano tramite il canale del pensare-a, essi devono manifestarsi in quella sfera del mio io che si trova al di fuori delle mie normali strutture psicologiche di pensiero – in ciò che noi chiamiamo profondità interiore. È per questo che, durante la contemplazione, quando siamo in intimo ascolto della nostra profondità interiore, ci sentiamo sommergere completamente dalle nostre stesse comprensioni.

In sintesi, tramite la contemplazione si arriva ad entrare in relazione alla realtà umana in un modo fondamentalmente diverso da ogni altro. Non si è più una cosa psicologica in un mondo di cose, ma si è trasformati, per la durata della sessione, in un'onda nell'oceano.

In più, questa trasformazione è sempre parziale. Proprio come non ci dimentichiamo completamente di noi durante la lettura di un romanzo – poiché sappiamo pur sempre di essere seduti su una sedia con un libro in mano – anche nella contemplazione filosofica, in generale, manteniamo la nostra consapevolezza di noi stessi come individui separati che si trovano in una stanza ad eseguire esercizi di contemplazione. Siamo trasformati in qualche aspetto del nostro essere, ma rimaniamo gli stessi in un altro – il che, forse, è il massimo che l'essere umano possa sperare di ottenere.

7c. Trasformazione oltre la sessione
(Riflessione sul pilastro 7: Trasformazione)

La contemplazione filosofica può trasformarci mentre la stiamo praticando; questo, però, non può essere ritenuto del tutto soddisfacente, perché noi desideriamo essere trasformati anche al di là del momento della sessione, vogliamo rimanere connessi alla nostra profondità interiore.

La nostra vita ordinaria è governata da meccanismi psicologici di pensiero, da emozioni e da comportamenti che, come un automa, seguono caratteristici schemi psicologici. Da ciò deriva che, da un lato, la nostra vita mentale è superficiale e frammentata, mentre dall'altro la parte più profonda del nostro essere è in gran parte dormiente e inattiva e, conseguentemente, poco sviluppata. È per questo che la nostra capacità di entrare in relazione a ciò che in noi è reale risulta limitata.

La necessità di trasformare la nostra vita interiore e di trascendere la nostra esistenza superficiale è stata riconosciuta da molti filosofi nel corso della storia. Tra questi pensatori, che noi chiamiamo "filosofi trasformativi", vi sono, tra gli altri, Platone, gli stoici, Spinoza, Rousseau, Nietzsche, Emerson. Sebbene essi usino concetti e teorie differenti, concordano sul fatto che, in generale, l'uomo è imprigionato in strutture psicologiche rigide e limitate che lo fanno vivere alla superficie dell'esistenza. Tuttavia, con l'aiuto del filosofare si possono compiere alcuni passi al di fuori di questa prigione – non importa se essi sono ampi o brevi, né per quanto tempo si cammina – e vivere una vita più piena.

Di particolare rilevanza sono per noi quei filosofi che intendono la trasformazione interiore nei termini di una relazione a una particolare sorgente interna di ispirazione o saggezza – "il principio dirigente" di Marco Aurelio, "l'io superiore" di Novalis, "l'io naturale" di Rousseau, "l'anima suprema" di Emerson, e così via. Per loro, trasformarsi interiormente significa imparare ad ascoltare questa sorgente interna, a risvegliarla e a nutrirla. Nonostante fra loro vi siano differenze terminologiche e teoretiche a distinguerli gli uni dagli altri, tutti sostengono che noi, in qualche modo, possiamo imparare a vivere "da" quella sorgente interiore.

Come questi pensatori, anche nella Deep Philosophy vogliamo coltivare la nostra profondità interiore, al di là di una sessione, in ogni momento della nostra vita. Per far ciò, ci impegniamo a risvegliare la nostra profondità interiore cercando di farla "parlare" in noi e di farla esprimere. Mano a mano che la nostra profondità interiore diviene più attiva, possiamo ritornare ad essa più facilmente e più pienamente anche durante la giornata.

Qualcuno potrebbe ritenere che questa sia una "trasformazione di sé"; tale espressione, però, è fuorviante. Se la "trasformazione di sé" è intesa come una modifica completa di se stessi, come un'acquisizione di una nuova personalità o una liberazione da tutti i meccanismi psicologici, come un oltrepassamento di tutti gli schemi emotivi e comportamentali che trasformi il soggetto in una persona totalmente nuova, allora si è qui vittime di un'illusione irrealistica. L'eucalipto rimarrà sempre un eucalipto – non diverrà mai una rosa. Quasi tutti noi siamo destinati a far esperienza, per il resto della nostra vita, del bruto potere dei meccanismi psicologici che ci governano. Alcune modifiche a livello psicologico sono certo possibili, per mezzo della psicoterapia, della riflessione personale, o della maturazione che avviene nel corso degli anni; tuttavia, per quanto tali cambiamenti possano essere validi, essi, avendo solo un carattere locale e limitato, non comporteranno un completo cambiamento della personalità o una liberazione da ogni meccanismo psicologico.

Inoltre, molte delle nostre strutture psicologiche giocano un ruolo fondamentale nelle nostre vite. Non si può funzionare senza le strutture che controllano la fame e la sete, senza le strutture linguistiche con cui formiamo e decifriamo frasi, senza i meccanismi di pensiero che pianificano ed analizzano, senza i processi emotivi che regolano i sentimenti o quelli che governano la consapevolezza e l'interazione sociali.

Di fatto, molti dei nostri vecchi schemi e delle nostre vecchie tendenze rimarranno gli stessi anche dopo varie sessioni di contemplazione filosofica; vi sarà, però, una differenza di rilievo a caratterizzarli: essi non saranno più l'origine unica del nostro pensiero, dei nostri sentimenti, dei nostri comportamenti. Una dimensione ulteriore del nostro essere si sarà destata, che è quella che noi chiamiamo profondità interiore.

Coltivare la nostra profondità interiore non vuol dire allora annullare la nostra psicologia o modificare completamente la nostra personalità. Vuol dire piuttosto che, al di là dei nostri ordinari processi psichici, possiamo entrare in rapporto con una sorgente di vita più profonda, che, per determinati periodi di tempo, riesce a influenzare, e persino a guidare, i meccanismi e le forze della nostra psiche.

Man mano che la nostra profondità interiore si risveglia e si sviluppa, i nostri schemi psicologici non saranno più cieche forze indipendenti, ma si integreranno e consolideranno attorno a un nuovo centro interiore, che li guiderà e li dirigerà per periodi di tempo più o meno lunghi. Questa risvegliata profondità interiore non rimpiazzerà mai ciò che siamo, ma, in ogni caso, ci renderà più coerenti, più equilibrati e più completi e, a volte, mettendoci in contatto con un'origine più profonda, riuscirà ad allargare i nostri confini.

PARTE D

LA PRATICA DELLA DEEP PHILOSOPHY

Poiché la contemplazione filosofica richiede uno stato mentale particolare, essa non può essere svolta all'interno del contesto informale di una conversazione ordinaria. Per mettere da parte schemi di pensiero automatici e aprire uno spazio interiore di ascolto profondo sono necessari metodi speciali. Vi è anche bisogno di procedure particolari per creare una scorrevolezza e un ritmo tali da consentire l'instaurarsi, nel gruppo, di un'atmosfera contemplativa.

I principianti sottolineano spesso che nelle sessioni contemplative si chiede loro di parlare in modi per nulla "naturali". Questo è vero. In effetti, nelle sessioni si ripete la stessa frase varie volte, si leggono i testi molto lentamente, oppure ci limitiamo a proferire frasi in modo sintetico e poetico; è chiaro che tutto ciò non ha nulla a che fare con l'abituale modo di esprimersi. La contemplazione richiede mezzi del tutto "innaturali" come un'interazione altamente organizzata, un ritmo scorrevole delle attività, una mente che sia concentrata e attenta e, infine, un linguaggio ponderato e curato.

Capitolo 10

IMPOSTAZIONE GENERALE

La struttura di una sessione
La pratica della Deep Philosophy si svolge principalmente in gruppo, anche se molti di noi la praticano in forma individuale. Un gruppo, consistente generalmente di 5-12 partecipanti, si incontra una volta alla settimana per tre o più settimane. Ogni sessione dura circa 90 minuti. Le sessioni sono condotte da un facilitatore che è un praticante esperto. Sebbene le attività di una sessione dipendano dallo stile personale del facilitatore, esse possiedono tutte la medesima struttura di base e tecniche facenti parte di un repertorio comune.

L'efficacia di una sessione di contemplazione dipende, fra le altre cose, dallo stato mentale dei partecipanti e dal livello del loro essere-insieme. Al fine di mantenere entrambi gli aspetti lungo tutta la sessione, un'accurata strutturazione della stessa è un fattore cruciale. Un'attività scorrevole, costante e tranquilla favorisce l'atmosfera contemplativa, mentre tutto ciò che interrompe il ritmo – istruzioni non chiare, confusione su chi deve parlare, un cambiamento improvviso di qualsiasi tipo – può sottrarre i partecipanti allo stato mentale contemplativo, il quale è sia prezioso che fragile. La struttura, perciò, è essenziale.

Una sessione inizia, di solito, con una breve e dettagliata introduzione del facilitatore, nella quale si spiega sinteticamente il testo filosofico che è stato scelto. A seconda del testo e dello stile personale del facilitatore, l'introduzione può consistere di poche frasi; ma nel caso che il testo sia difficile, può anche durare più di 10 minuti, durante i quali vengono chiarite le sue idee principali.

La fase finale della sessione dura di solito pochi minuti, durante i quali si guarda indietro alla sessione e si condividono intuizioni ed esperienze.

La parte centrale della sessione è costituita dalla contemplazione del testo. Essa occupa gran parte dell'incontro ed è accuratamente costruita dal facilitatore. È costituita da una sequenza di esercizi concepiti per condurre i partecipanti a pensare e a comunicare dalla loro profondità interiore. Questi esercizi si possono dividere, in genere, in tre tipologie: esercizi per un primo incontro col testo; esercizi per la contemplazione del testo; esercizi per dar voce alle proprie intuizioni personali.

Nel primo tipo di esercizi i partecipanti incontrano il testo per la prima volta. Qui l'enfasi è posta sulla comprensione del testo, che include sia la comprensione di termini e frasi difficili, sia l'identificazione delle sue idee centrali. Per questo fine si usa, di norma, la procedura semi-contemplativa della "lettura interpretativa", nella quale i partecipanti leggono più volte alcuni passi del testo, aggiungendovi le loro brevi interpretazioni, in un modo che sia scorrevole, così da non interrompere lo spirito contemplativo. Qui vi è l'opportunità, per il facilitatore, di formulare importanti commenti esplicativi che servono a chiarire il testo.

Il secondo tipo di esercizi è usato nel momento centrale della sessione, dove l'attenzione si sposta dalla comprensione alla contemplazione del testo, condotta mettendo in gioco la propria profondità interiore. Qui i partecipanti risuonano profondamente con le idee che hanno incontrato. Grazie ad esercizi mirati coi quali i partecipanti entrano in ascolto intimo di significati profondi che arrivano a loro "tramite" le parole, essi riescono a creare quella che chiamiamo una polifonia di idee

A questo punto i partecipanti, immersi profondamente nel testo e nello spirito contemplativo, sono pronti per il terzo tipo di esercizi, nei quali ognuno può dare espressione alla propria voce personale. Questo è lo stadio della creatività, del dar voce alle intuizioni che emergono dalla propria profondità interiore. Questo può esser fatto efficacemente solo dopo che si è penetrati nella propria profondità interiore – ma, anche in questo caso, non sempre riesce. Poiché le intuizioni profonde sono, per così dire, un dono della profondità, possono anche non presentarsi.

Si può dar voce verbalmente oppure scrivendo in silenzio. Quando hanno terminato, i partecipanti possono leggere ad alta voce ciò che hanno scritto, o riportare brevemente le proprie intuizioni in altri modi. Il momento più alto della contemplazione è ora passato e, a questo punto, il gruppo è pronto per la conclusione della sessione, che ha la forma del solito giro di risposte alla seguente domanda: "Cosa porti via con te di questa sessione?".

Indipendentemente dagli esercizi specifici utilizzati durante la sessione, l'attività contemplativa scorre, nel complesso, in modo naturale dall'inizio alla fine, come nell'esecuzione di un brano musicale.

Il testo filosofico

Al centro di ogni sessione di contemplazione filosofica vi è un breve testo filosofico che il facilitatore seleziona dal repertorio di testi della storia della filosofia. Della lunghezza di circa due pagine (dalle 400 alle 600 parole circa), esso contiene un concetto filosofico ben definito, formulato in modo conciso e chiaro. Durante la sessione i partecipanti riflettono assieme sul testo e risuonano con esso; ciò permette al gruppo di convergere attorno a un centro comune.

I testi utilizzati per la contemplazione filosofica esprimono, in genere, condizioni umane di base, osservate dal loro interno: l'incontro con l'altra persona (nella filosofia dell'amore, per esempio), la creazione o il godimento di un'opera d'arte (nella filosofia dell'estetica), il senso del sé, l'immersione nella natura, ecc. Sono testi, in altre parole, che parlano della realtà così come la incontriamo per lo più.

Questa scelta dei testi non è casuale. Un testo che tratta del mio incontro con la realtà mi permette, come contemplatore, di pormi all'interno del suo mondo. Io posso così "entrare" nel paesaggio che descrive e divenirne testimone dall'interno. Al contrario, un testo che sia completamente oggettivo, vale a dire che descriva un oggetto ignorando del tutto il mio rapporto con esso, non può che rendermi un osservatore esterno.

Non è un caso, perciò, che per la contemplazione si utilizzino soltanto testi filosofici. Non si usano, ad esempio, né poesie né libri di storia, perché tali testi si concentrano su persone particolari, su oggetti particolari, su eventi particolari, invece che su significati fondamentali generali, i quali soli sono l'oggetto della filosofia. Quando si fa contemplazione con un appropriato testo filosofico si riesce, perciò, a entrare nel mondo dei significati fondamentali e ad esplorarlo dall'interno.

Il facilitatore

Il facilitatore è un partecipante che conduce una sessione

di contemplazione di Deep Philosophy. Questi prepara il testo per la contemplazione, apre la sessione dando al gruppo le spiegazioni necessarie e guida i partecipanti attraverso una serie di esercizi. I facilitatori sono di solito più esperti degli altri partecipanti, poiché hanno terminato un percorso di formazione per facilitatori organizzato dal gruppo Deep Philosophy.

I facilitatori guidano la sessione come il capitano la sua nave. Fornendo succinte istruzioni ed esempi, essi stabiliscono la velocità e il ritmo dell'attività contemplativa, in modo tale che essa scorra dolcemente e in modo costante – il che è essenziale per la creazione di un'atmosfera contemplativa e, con ciò, per il successo della contemplazione. Inoltre, avendo preparato in anticipo il testo, occasionalmente possono esprimere osservazioni che aiutino i partecipanti a comprendere i passaggi più difficili e consentano loro di porre l'attenzione su quei concetti che meritano di essere enfatizzati. È per questo che, di solito, in ogni esercizio è il facilitatore il primo a prendere la parola. Spesso basta un breve commento (se l'esercizio lo permette) per aiutare il gruppo a orientarsi nella direzione giusta.

Per molti aspetti, la facilitazione richiede la capacità di trovare l'equilibrio fra estremi. Per esempio, per non interrompere il ritmo della sessione le osservazioni del facilitatore dovrebbero essere abbastanza brevi, ma, allo stesso tempo, dettagliate quanto basta a prevenire l'insorgere di incomprensioni. Il facilitatore, inoltre, per permettere ai partecipanti di esprimersi in modo creativo, dovrebbe proporre loro esercizi aperti e flessibili, ma non troppo aperti, altrimenti si perderebbero misura e concentrazione. Allo stesso modo, dovrebbe sapere quando terminare un esercizio – non prima che i partecipanti siano andati a fondo nel compito assegnato loro, ma nemmeno troppo tardi, perché ciò creerebbe ripetitività e farebbe insorgere noia. Questi aspetti, tra gli altri, contribuiscono alla buona riuscita di una facilitazione.

I tre ruoli del facilitatore
A grandi linee, il facilitatore di una sessione contemplativa riveste tre ruoli principali, che possono essere indicati, in modo metaforico, nei seguenti modi: il facilitatore come guida turistica; il facilitatore come direttore musicale; il facilitatore come sciamano.

Così come una guida turistica conduce i turisti per le strade di una città, il facilitatore conduce i partecipanti attraverso il mondo del testo, soprattutto nella fase del primo incontro con esso all'inizio della sessione. Ciò richiede lo svolgimento di vari compiti. In primo luogo, il facilitatore deve assicurarsi che i partecipanti comprendano i termini più difficili del testo. o quelli che hanno un particolare significato filosofico. In secondo luogo, deve indicare quali siano i principali "punti di riferimento" all'interno del "panorama di idee" del testo. Infatti, i partecipanti che incontrano un testo per la prima volta – specialmente coloro che hanno una scarsa formazione filosofica – spesso non riescono a distinguere gli argomenti principali dalle idee secondarie. Possono forse comprendere ogni frase presa per sé, ma non a vedere come, nel loro insieme, arrivino a comporre un panorama unitario.

È per questo che il facilitatore deve assicurarsi che il testo sia chiaro a tutti, sia a livello linguistico che concettuale. Queste spiegazioni possono essere offerte, in parte, per mezzo di brevi presentazioni di 5-10 minuti che hanno luogo prima dell'inizio della contemplazione, ma possono anche essere incorporate all'interno degli stessi esercizi contemplativi. Il facilitatore, per esempio, mentre legge il testo con la procedura della "lettura interpretativa", può aggiungere brevi spiegazioni senza interrompere il ritmo della sessione; per esempio, può offrire un sinonimo di una parola difficile, o utilizzare un'intonazione che enfatizzi una frase importante, o riformulare ed esemplificare una frase, ecc.

Il secondo ruolo del facilitatore, in senso metaforico, è quello di un direttore musicale. Come un direttore dirige i musicisti affinché l'esecuzione del brano sia equilibrata e piacevole, il facilitatore è responsabile della "musica delle idee" prodotta dal gruppo, nonché del ritmo di questa, della sua velocità, del suo andamento generale. Queste caratteristiche sono fondamentali per il mantenimento di uno stato mentale contemplativo. Non è un caso che la musica e la recitazione svolgano un ruolo centrale in quasi tutte le tradizioni spirituali: esse riescono infatti, almeno in parte, ad amplificare il potere delle parole, conferendo loro un significato speciale.

Questi effetti di tipo musicale sono centrali anche nella contemplazione di testi, perché fanno sì che i termini filosofici risuonino nella nostra profondità interiore. Ciò serve a far passare la mente del contemplatore dal pensiero discorsivo all'ascolto interiore e a sintonizzarla coi significati profondi del testo. Grazie all'uso di un appropriato tono di voce, di un ritmo pacato, di transizioni graduali, nonché di esercizi contemplativi che enfatizzano un parlare poetico o in cui si recita ripetitivamente il testo, un buon facilitatore è capace di conferire agli scambi dialogico-filosofici del gruppo quelle qualità, che già la musica possiede, atte a risvegliare l'attenzione interiore dei partecipanti.

Il terzo ruolo del facilitatore è quello dello sciamano. Così come uno sciamano tradizionale fa da mediatore tra il nostro mondo terreno e quello delle potenze nascoste, allo stesso modo il facilitatore media fra la consapevolezza mondana dei partecipanti e i significati profondi posti nella loro profondità interiore. A differenza dello sciamano, però, il facilitatore non si accontenta di ricevere visioni e poteri speciali, bensì vuole che siano i partecipanti a sviluppare le sue stesse capacità.

Un buon facilitatore-sciamano crea, nelle menti dei partecipanti, un senso di solennità e di meraviglia; non si possono ricevere significati profondi se si tiene un atteggiamento informale, cinico o spensierato, così come, per analogia, non si può partecipare davvero a un rituale spirituale se si ha un'attitudine giocosa o sprezzante. Mediante l'intonazione e le parole che utilizza, il facilitatore induce i partecipanti a meravigliarsi di fronte a determinate idee del testo, alla loro profondità, alla loro ricchezza, alle loro implicazioni sorprendenti. Ciò guida i partecipanti al superamento di una semplice curiosità intellettuale e all'assunzione di un atteggiamento di meraviglia rispetto ai più ampi scenari del reale – come se facessero ingresso in un tempio o in uno spazio sacro.

Per creare la sensazione di un tale spazio sacro, il facilitatore può indicare brevemente ai partecipanti l'elemento che nel testo è rimarchevole, sorprendente, meraviglioso – ciò che, in poche parole, è il "focus" che suscita stupore. Spesso è sufficiente enfatizzare un'espressione suggestiva del testo, chiedendo ai partecipanti di recitarla con calma nella mente, finché la comprensione superficiale, che di essa si aveva, si apre a significati più profondi.

Capitolo 11

METODI

La contemplazione filosofica è un'attività strutturata, progettata per condurci, al di là del pensiero normale, verso la nostra profondità interiore. Come molti altri tipi di pratica mirata – come lo yoga, la meditazione, il suonare strumenti musicali, le arti marziali – essa richiede l'aderenza a linee guida e metodi di tipo speciale.

A. *Esercizi per dare l'avvio a una sessione*
All'inizio di una sessione di contemplazione di un testo, il gruppo deve affrontare due compiti principali: deve iniziare a entrare in uno stato mentale contemplativo e deve comprendere il testo filosofico. I seguenti esercizi sono di norma utilizzati a tali scopi.

1. Esercizio di centratura
Una sessione di contemplazione inizia, di norma, con un esercizio di centratura. Si tratta di una breve tecnica meditativa nella quale i partecipanti, ad occhi chiusi, rivolgono al proprio interno l'attenzione, seguendo le istruzioni del facilitatore.
L'esercizio di centratura svolge due funzioni principali. Per prima cosa, serve a marcare la transizione dall'attività abituale della giornata al momento della contemplazione. In secondo

luogo, in un senso più pratico, ha lo scopo di far tacere la mente, preparandola alla contemplazione; infatti, quando i partecipanti si siedono per iniziare la contemplazione, le loro menti sono ancora in preda all'agitazione quotidiana; sono pertanto necessari alcuni minuti di rilassamento.

L'esercizio di centratura, per definizione, non ha a che fare né con testi né con idee di carattere filosofico (altrimenti sarebbe da considerare un esercizio contemplativo). Poiché si tratta di un esercizio preparatorio, ha una durata piuttosto breve, di solito compresa fra i tre e i cinque minuti.

Nelle sessioni di Deep Philosophy si usano vari tipi di esercizi di centratura. In alcune versioni, ai partecipanti viene richiesto di ricordarsi dei loro impegni della giornata, e poi di dimenticarsene, al fine di divenire più attenti e concentrati.

In altri tipi di esercizi di centratura i partecipanti usano il proprio corpo come centro di attenzione. Si può chiedere loro di concentrarsi sul proprio respiro, oppure sulla testa, per poi discendere lentamente lungo il corpo fino a raggiungere i piedi; oppure, si può chiedere loro di portare l'attenzione sui movimenti causati nel proprio corpo dalla respirazione, e poi di andare con la mente verso il basso, dal naso verso la bocca e, successivamente, da qui alla gola, al petto, all'addome, e così via.

In un terzo tipo di esercizio di centratura i partecipanti, seguendo le istruzioni del facilitatore, modificano il proprio stato interiore per mezzo di una sequenza di immagini. Per esempio, possono essere invitati a lasciare andare i loro pensieri, a superare i confini che li circondano, a trovare riposo nel grembo del mondo, ecc.

2. Lettura interpretativa

Dopo l'esercizio di centratura, quando ormai la mente si è

acquietata ed è ben concentrata, arriva il momento di volgersi al testo filosofico. Poiché la maggior parte dei partecipanti non lo conoscono, è necessario prima leggerlo e comprenderlo, cercando di far sì che non si perda, con ciò, lo spirito contemplativo. L'esercizio più comune usato a tal fine è quello della "lettura interpretativa", nella quale i partecipanti studiano assieme il testo filosofico in una modalità semicontemplativa.

Nella lettura interpretativa ogni paragrafo viene letto più volte (di solito tre o quattro) ad alta voce, un partecipante dopo l'altro. Per non interrompere il ritmo, si stabilisce in anticipo chi è che deve leggere – seguendo l'ordine alfabetico (negli incontri online), oppure in base alla posizione che si occupa a sedere (negli incontri in presenza). I lettori sono invitati, mentre leggono il testo, ad aggiungere quando vogliono proprie interpretazioni, purché siano brevi e in relazione a ciò che stanno leggendo. Possono farlo, per esempio, sostituendo un termine difficile con un sinonimo, oppure riformulando una frase complessa per renderla più comprensibile; il loro ruolo è quello di chiarire ciò che il testo dice, senza esprimere opinioni personali.

Il facilitatore, di norma, è il primo a leggere ogni paragrafo. Quando ha finito di leggerlo e di interpretarlo, altri partecipanti (se necessario, fino a un massimo di quattro o cinque) leggono di nuovo lo stesso paragrafo. Successivamente, il facilitatore passa a leggere il secondo – sempre proponendone un'interpretazione – e, di nuovo, è seguito da due o più partecipanti che leggono lo stesso paragrafo. I paragrafi successivi vengono letti nello stesso modo, fino alla fine del testo.

Durante la lettura, i partecipanti vengono invitati a prestare attenzione a ogni parola, al loro suono e alla loro intonazione, alle immagini che esse evocano e ai loro significati. Questo ascolto attento, assieme alla lettura ripetuta dello stesso paragrafo, crea un inizio di atmosfera contemplativa. È solo l'inizio, poiché un certo grado di analisi del testo è ancora richiesto; ma neppure è del tutto intellettuale. Questo momento può esser visto come uno stadio intermedio fra il pensiero discorsivo e quello contemplativo.

Per approfondire l'atmosfera contemplativa e favorire l'instaurarsi della condizione dell'essere-insieme il facilitatore può introdurre, dopo alcuni paragrafi, un breve esercizio contemplativo che può consistere, tra le altre cose, nella ripetizione di una determinata frase al modo dei mantra (la cosiddetta *ruminatio*), oppure nella risonanza col testo ottenuta per mezzo del cosiddetto "parlare prezioso" (consistente in frasi brevi e concise, espresse in modo poetico).

3. Disegnare una mappa di idee

Un esercizio più sofisticato, adatto allo studio di un testo filosofico, consiste nel creare una mappa di idee. La mappa rappresenta la struttura concettuale del testo, che noi chiamiamo "paesaggio delle idee", perché è analogo al modo in cui le caratteristiche del territorio sono disposte sulla superficie di una determinata area geografica. Così come un paesaggio geografico è composto da colline, laghi, fiumi, ecc., una teoria è composta da diversi concetti che occupano determinate posizioni all'interno di un territorio concettuale e stanno fra loro in particolari relazioni.

Quando si disegna il paesaggio concettuale di una teoria, il risultato è una "mappa delle idee". Le due cose, però, non vanno confuse fra loro: un paesaggio di idee è una struttura concettuale astratta, mentre una mappa di idee è un disegno su un foglio di carta (o sullo schermo di un computer) che rappresenta quel paesaggio.

La comprensione dell'esatto paesaggio di idee di un testo non sempre è rilevante in una sessione di Deep Philosophy. Se il facilitatore, però, ritiene che questo esercizio possa far risultare più chiara la struttura logica del testo, allora potrà far disegnare all'intero gruppo la mappa delle idee del testo.

L'esercizio comincia dopo che il gruppo ha letto il testo almeno una volta, sia con la procedura della lettura interpretativa, sia mediante una semplice e veloce lettura. Il facilitatore chiede allora ai partecipanti di dire ad alta voce, in ordine libero, quali concetti del testo paiono loro importanti. Al fine di mantenere un'atmosfera contemplativa, non è permesso loro di fornire alcuna spiegazione della loro scelta – un partecipante deve semplicemente enunciare il concetto. (Il *concetto* non deve essere espresso mediante una frase completa, bensì con una parola o un sintagma – per esempio, "amore", "il potere delle idee", "l'io", ecc.).

Dopo pochi minuti, il facilitatore interrompe il processo e riassume tutti i concetti – il cui numero di solito è compreso fra cinque e dieci – che sono stati menzionati fino a quel momento. Lo può fare scrivendoli su una lavagna o su pezzi di carta sparsi sul pavimento. Nelle sessioni online, i concetti possono essere messi per iscritto con un programma come Documenti Google.

Ora è il momento di trasformare la lista di concetti in una mappa. Per prima cosa, le parole che sono simili fra loro devono essere riportate a un unico concetto (per esempio, le parole "amore" e "amare" andrebbero riunite sotto l'unico concetto di "amore"). Successivamente, il facilitatore chiede quali concetti meritano di esser posti al centro della mappa e quali, avendo un'importanza secondaria, devono invece esser posti a una distanza maggiore dal centro; infine, chiede come dovrebbero entrare in relazione fra loro. Si possono tracciare delle linee che indichino tali relazioni. I concetti possono essere spostati seguendo i suggerimenti dei partecipanti, finché non si ottenga una mappa di idee soddisfacente.

Risulta evidente che questo esercizio non può essere pienamente contemplativo. Esso richiede una considerevole dose di pensiero analitico e un tipo di comunicazione basato sulla domanda e sulla risposta. Per tale ragione è meglio che sia svolto all'inizio della sessione, prima che ci si addentri in pieno nella fase contemplativa.

B *Esercizi contemplativi*

Dopo che i partecipanti hanno compreso il testo e sono entrati in uno stato mentale contemplativo, è il momento di immergersi più pienamente nella contemplazione. I seguenti esercizi sono quelli che principalmente usiamo a tale scopo.

4. Parlare prezioso (*precious speaking*)

Il parlare prezioso è un'importante procedura. nella quale i partecipanti danno voce alle proprie intuizioni in modo contemplativo. Al fine di favorire uno spirito contemplativo, essi devono ascoltarsi interiormente mentre articolano in modo breve, conciso e attento le intuizioni che sorgono in loro. Devono anche cercare di parlare quanto più è possibile dalla propria profondità interiore, esprimendo intuizioni che sono vive in loro e cercando di mettere da parte le opinioni. Questo modo di parlare concentrato, spontaneo e attento, riesce a modificare lo stato mentale del parlante, rendendolo più profondamente contemplativo.

Questa procedura si basa su varie regole di comunicazione e di ascolto. Le regole relative alla comunicazione sono le seguenti: per prima cosa, si deve parlare in modo conciso, senza ripetizioni o ridondanze, limitandosi a una sola frase. In secondo luogo, le parole devono essere trattate come se fossero gemme preziose, come doni di pregio che vengono porte al gruppo. In terzo luogo, si deve dar voce a ciò che si vive in quel momento, evitando di esprimere opinioni maturate già da molto tempo. Come quarto punto, quando si reagisce alle idee dei compagni o del testo non si deve parlare *di* tali idee, bensì si deve entrare in risonanza *con* esse. In particolare, non bisogna né giudicarle, né valutarle, ma neppure essere in accordo o in disaccordo con tali idee; si devono solo far vibrare le parole con quelle degli altri, come fanno i cantanti di un coro che cantano in gruppo.

Le regole relative all'ascolto sono le seguenti: in primo luogo, si deve prestare attento ascolto agli altri quando parlano, ricordando che ascoltare non è meno importante che parlare. In secondo luogo, quando gli altri parlano, si deve evitare, anche solo a livello mentale, di essere in accordo o in disaccordo con loro. Si deve invece aprire uno spazio interiore di ascolto, lasciando che le parole possano penetrarvi.

Vi sono differenti versioni del parlare prezioso, che dipendono dall'obiettivo che ci si pone. Vi è una versione aperta, in cui il facilitatore chiede ai partecipanti di entrare liberamente in risonanza con una frase o un'idea del paragrafo che più li ha colpiti. In una versione più mirata, il facilitatore formula una domanda alla quale i partecipanti rispondono in modo conciso. In una versione più personale, il facilitatore chiede ai partecipanti di riportare alla mente un'esperienza recente di un determinato tipo, e poi di parlare "da" essa nel modo del parlare prezioso. In una versione più rigorosa, ai partecipanti si chiede di completare una frase cui il facilitatore ha dato inizio. A volte si chiede loro di rispondere immediatamente, senza aspettare del tempo per pensare, in modo che le risposte, scavalcando il livello del pensiero cosciente, non siano espressione di idee formulate in precedenza.

In questi esercizi, anche l'ordine in cui i partecipanti prendono parola può variare. In uno di questi, essi parlano solo quando è il loro turno (in base alla posizione che occupano a sedere, oppure secondo l'ordine alfabetico). Nella versione senza ordine, i partecipanti possono parlare quando sentono che un'idea "vuole" essere espressa. Mentre siedono in circolo, possono usare un oggetto (una pietra levigata, per esempio), che deve essere tenuto in mano da chi parla.

5 *Ruminatio* (recitazione)

La *ruminatio* è un'altra importante procedura di contemplazione di gruppo. Il facilitatore sceglie una frase da un testo filosofico, meglio se densa di significati, che i partecipanti recitano più volte, uno dopo l'altro, secondo un ordine prestabilito. La recitazione prosegue a volte per cinque minuti o anche più. Mentre aspettano il proprio turno, i partecipanti ascoltano con attenzione la recitazione degli altri, concentrandosi sulle loro parole ed evitando distrazioni.

Quando si recita una frase più volte, dopo un po' le parole iniziano a perdere il loro significato ordinario. Non si fa attenzione più solo l'idea che esse trasmettono – come accade nelle conversazioni ordinarie – ma si ascoltano anche le parole stesse, il loro suono, il loro ritmo, la loro melodia. Inoltre, poiché il pensiero perde qui il suo carattere discorsivo e logico, si diviene più attenti a ogni tipo di associazione e significato nascosto. Spesso accade che espressioni particolari attraggano l'attenzione, facendo nascere nella mente nuove immagini e idee.

L'esercizio dovrebbe essere svolto dopo che il gruppo, avendo già studiato e compreso una parte del testo, desidera penetrare in esso più profondamente. Dato che i partecipanti hanno già compreso il testo di cui le frasi sono parte, non vi è il rischio che le frasi scelte vengano fraintese.

6. Lettura gentile (*gentle reading*)

La lettura gentile è un esercizio consistente nel leggere un testo filosofico molto lentamente, in modo ricettivo, con un'attenzione speciale rivolta a ogni parola; ciò serve a spezzare gli schemi di lettura ordinari della mente. Può essere svolto sia individualmente che in gruppo.

Nella versione individuale, si sta seduti quietamente e si legge il testo molto più lentamente del solito, assaporando le parole e le idee che risuonano nella mente, facendo attenzione a non imporre ad esse alcuna interpretazione. Ogni pensiero e ogni movimento degli occhi e del corpo sono dolci e fluidi, privi di tensione o bruschezza, sia che si volti pagina, sia che si apra un dizionario o si cerchi una migliore posizione a sedere.

Mentre si legge dolcemente, si ascoltano con attenzione anche le idee e le immagini che possono affiorare alla mente in risposta al testo. È come se il testo volesse parlare nella mente di chi legge, e, per questo, gli si lasciasse libero lo spazio interiore di cui ha bisogno. Di tanto in tanto, quando una parola o un'espressione del testo attraggono l'attenzione, ci si può soffermare a leggerle con calma più volte, ascoltandole mentre parlano nell'interiorità.

Anche nella versione di gruppo i partecipanti leggono in silenzio, come accade in quella individuale; il ritmo, però, è determinato dal facilitatore, il quale indica l'inizio di ogni frase leggendone ad alta voce le prime parole. Per esempio, può leggere ad alta voce la prima parola della prima frase e poi, in silenzio, attendere alcuni secondi mentre i partecipanti leggono con calma il resto della frase; poi può leggere, ad alta voce, l'inizio della seconda frase, aspettando ancora alcuni secondi, e così via fino alla fine del paragrafo. Un'alternativa è che il facilitatore inviti i partecipanti a prendersi qualche minuto per leggere in silenzio e con calma un paragrafo scelto.

Dopo la lettura gentile, i partecipanti possono riferire, nel modo del parlare prezioso o mediante scrittura, da quali frasi del testo siano stati toccati e quali idee sono apparse alla loro mente.

7. Scrittura gentile (*gentle writing*)

Nella scrittura gentile la contemplazione è svolta con un breve testo filosofico, che viene copiato su una pagina in modo attento e preciso, mentre la mente è concentrata sui movimenti della mano che scrive. Le dita e la penna, nei loro lenti movimenti, sembrano dotate di vita propria. La mente, presa dal compito di dar forma a ogni lettera, ha ormai trasceso la sua modalità di pensiero automatico, e ora è in ascolto delle parole del testo, che "parlano" e suscitano in essa idee o immagini.

La scrittura gentile può essere particolarmente efficace quando si scrive secondo le regole dell'arte della calligrafia. Non vi è bisogno di essere un calligrafo professionista per farlo. Ciò che conta non è il risultato artistico, bensì il processo dello scrivere con cura.

8. Lettura libera

Anche questa procedura ha il fine di spezzare gli schemi di pensiero automatici. Essa consiste nel leggere un testo filosofico o nell'ascoltare qualcuno che lo legge, mantenendo una mente rilassata, senza provare ad afferrare le sue idee con interpretazioni personali. In modo del tutto naturale, si lascia che le parole e le idee fluttuino nella mente.

Nella versione individuale, si rilassa la mente e si legge il testo con calma e dolcezza, lasciando che le parole scorrano via, senza compiere alcuno sforzo mentale volto a comprenderle.

Nella versione di gruppo, il testo viene letto ad alta voce dal facilitatore (o da un altro partecipante che sia un buon lettore), mentre gli altri partecipanti, con naturalezza, ascoltano ad occhi chiusi. Anche se un ascolto condotto secondo tale procedura può render difficile seguire il testo, gli ascoltatori non faticano a comprenderlo, poiché basta lasciar fluttuare le parole nella mente. Forse si perderanno alcune idee, ma l'attenzione verrà catturata da qualche fugace pensiero, da qualche immagine, o da qualche idea. Il risultato sarà una comprensione di tipo diverso – frammentata, vaga, al di là di ogni struttura logica, modesta; in ogni caso, sarà profonda.

Dopo quest'esercizio, i partecipanti possono esprimere, nel modo del parlare prezioso, quali sono le idee personali che hanno ricevuto dal testo.

9. Immaginazione filosofica guidata

Nella procedura dell'immaginazione filosofica guidata si esplora un breve testo filosofico per mezzo dell'immaginazione visiva. I partecipanti immaginano di entrare nel mondo descritto dal testo e di esplorarne varie regioni e caratteristiche. Questo permette loro di dar voce agli aspetti non verbali delle impressioni ricevute dal testo.

Il testo filosofico, in questo esercizio, deve essere appropriato per la visualizzazione. Dei buoni esempi sono l'allegoria della caverna di Platone (l'esercizio dovrebbe consistere nell'immaginarsi di stare seduti in una caverna, poi di alzarsi e incamminarsi verso l'uscita), le tre metamorfosi di Nietzsche (il cammello, il leone, il bambino), o la metafora di Bergson della nostra vita interiore come lago ricoperto di foglie morte.

Prima di iniziare, i partecipanti leggono il testo per comprenderne le idee di fondo, usando una procedura di studio di testi come quella della lettura interpretativa. Successivamente, vengono invitati dal facilitatore a chiudere gli occhi e a immaginare di trovarsi in un determinato luogo all'interno del mondo del testo (per esempio, nella caverna descritta da Platone, oppure sulla sponda del lago di cui parla Bergson). A questo punto si chiede loro di iniziare a muoversi in una certa direzione, oppure a raggiungere un determinato luogo (per esempio, li si invita a uscire dalla caverna di Platone, oppure a immergersi nel lago di Bergson, ecc.). In silenzio, mentre immaginano di compiere quel viaggio, essi sono invitati a prestare attenzione al paesaggio che muta e ai vari oggetti che incontrano – qualunque cosa la loro immaginazione produca. Dopo circa cinque minuti, il facilitatore chiede loro di fermarsi, di voltarsi, e di tornare indietro. Una volta ritornati al punto di partenza, abbandonano lentamente il mondo che hanno immaginato, per tornare di nuovo presenti nella stanza.

È ora giunto il momento di mettere in parole le esperienze che hanno vissuto, raccontandole al resto del gruppo. Ciò si può fare per mezzo di vari tipi di procedure, come quella del parlare prezioso, quella della scrittura di una poesia filosofica di gruppo, o per mezzo di disegni.

10. Aprire una porta per la profondità

Con "porta per la profondità" si intende un frammento di un testo filosofico – di solito una frase o un'espressione – denso di significati, che ci conduce, al di là delle apparenze, in direzione di una comprensione più profonda. Il frammento agisce come un segnale stradale che esorta il lettore a non fermarsi a una comprensione superficiale delle parole, bensì a guardare, "attraverso" di esse, a una profondità che si nasconde al di là.

Solitamente, una porta per la profondità è un'idea che, non potendo essere abbracciata del tutto con la mente, proprio per questo invita il lettore ad approfondire l'indagine. Sebbene il suo senso colpisca, ci si trova incapaci di tradurla completamente in un pensiero definito. Come un oggetto tridimensionale che non può essere trasformato in un'ombra bidimensionale, essa rifiuta di essere ridotta a un riassunto verbale. Tuttavia, la sua significatività coinvolge il soggetto, chiedendogli di essere capita, in qualche modo, all'interno della sua profondità interiore.

L'esercizio della porta per la profondità può essere usato, nelle sessioni contemplative, per spingere i partecipanti a osservarsi interiormente. Il facilitatore chiede ai partecipanti di leggere mentalmente il testo, con calma e con dolcezza, provando a identificare un'espressione o una frase che agisca per loro da porta per la profondità o, in altre parole, che li "inviti" ad andare verso il profondo, alla ricerca di significati nascosti.

Quando un partecipante ha identificato una di tali porte, la comunica al gruppo leggendola ad alta voce. Gli altri partecipanti possono entrare in risonanza con quella porta: possono ripeterla, possono aggiungervi una breve interpretazione, oppure rielaborarla. In questo modo, in gruppo, il significato di tale porta viene approfondito e arricchito. Dopo alcuni momenti di risonanza, i partecipanti riprendono a leggere il testo per individuare altre porte.

11. Parlare da un'esperienza

Vari esercizi permettono ai partecipanti di entrare in risonanza con le idee filosofiche in modo personale, connettendo tali idee a una recente esperienza vissuta. Ciò consente di rendere il testo più concreto e significativo per il soggetto stesso.

Uno di questi esercizi è quello del "parlare da un'esperienza". Il facilitatore chiede ai partecipanti di chiudere gli occhi e di pensare a una recente esperienza che possa essere connessa a una data idea del testo. Per esempio, se il testo riguarda il rapporto col prossimo, il facilitatore può chiedere ai partecipanti di ricordarsi di una situazione recente in cui essi hanno vissuto un rapporto stretto con qualcuno. Oppure, se il testo riguarda il significato del silenzio, si può chiedere loro di ricordare un momento in cui hanno sentito un profondo silenzio interiore – e così via.

Successivamente, ogni partecipante mette per iscritto un breve titolo relativo all'esperienza che ha ricordato (può essere un'espressione o una sola parola). Se è disponibile uno spazio di scrittura condiviso (come Documenti Google per le sessioni online), i partecipanti possono anche aggiungere una breve frase, in stile poetico, relativa all'esperienza. Non dovrebbe però essere fornita alcuna informazione oggettiva riguadante l'esperienza.

Dopo questa fase preliminare, entriamo nel cuore dell'esercizio. Come nel parlare prezioso, il facilitatore pone una domanda relativa all'argomento (per esempio: "Che cosa mi accade quando sono nella relazione?", oppure inizia una frase che i partecipanti sono invitati a completare (per esempio: "In un momento di silenzio in natura, mi accorgo che..."). I partecipanti rispondono ad alta voce, liberamente e senza ordine, ogniqualvolta una risposta significativa venga loro in mente. Tuttavia, è importante ricordare loro che devono parlare *dall'*esperienza che hanno scelto, non *di* essa. A tal fine, ogni partecipante si immerge nella propria esperienza personale, raccontandola come se la stesse vivendo in quel preciso momento. Un esempio di ciò che qui si potrebbe dire è il seguente: "Quando guardo il tuo volto, sento che non vi è distanza alcuna a separarci".

I partecipanti, per alcuni minuti, continuano a parlare *dalle* loro esperienze. Il facilitatore può presentare anche ulteriori domande, che mettano in evidenza prospettive differenti sullo stesso argomento. Anche se i partecipanti non conoscono quasi per nulla le esperienze gli uni degli altri, il risultato finale è una ricca varietà di voci attorno a un tema comune.

12. Arricchimento (arricchire un'esperienza personale)

Anche questo esercizio è progettato per mettere in rapporto le idee del testo filosofico a esperienze personali. A differenza dell'esercizio precedente, però, qui è l'intero gruppo a concentrarsi sull'esperienza di una persona, arricchendola per mezzo della risonanza.

Il facilitatore, per prima cosa, chiede che ognuno scelga un'esperienza, avuta di recente, che abbia una relazione col testo letto (per esempio, un momento in cui si è stati colti dal senso del sublime – qualora il testo riguardi il sublime). Successivamente, un volontario inizia a parlare *da* quell'esperienza (vale a dire che deve evitare di descriverla dall'esterno); potrebbe dire, ad esempio: "Guardando la distesa infinita della foresta intorno a me, sento di essere un nonnulla rispetto allo spazio infinito". Gli altri partecipanti ora risuonano con tale esperienza parlando *da* essa, come se la vivessero in quel momento, aggiungendovi anche nuovi particolari, così da arricchirla. È importante che nessuno provi a indovinare quali siano state le esperienze vissute dal volontario, perché non è di alcuna rilevanza. I partecipanti devono costruire assieme una nuova esperienza immaginaria, la quale deve essere radicata nell'esperienza personale del volontario, ma non fedele ad essa. Questo processo dà luogo a una fitta rete di idee e di significati ruotanti attorno all'esperienza iniziale.

Se il tempo lo permette, il gruppo può svolgere lo stesso esercizio con l'esperienza di un secondo volontario.

C. *Integrazione e conclusione della sessione*

Dopo circa un'ora di contemplazione del testo, condotta usando alcuni degli esercizi visti sopra, arriva il momento di concludere la sessione. Qui l'obiettivo è che i partecipanti guardino alla sessione nella sua interezza, esprimendo le loro voci personali e raccontando agli altri che cosa hanno sperimentato.

13. Dar voce (*voicing*)

Il dar voce è una procedura contemplativa che consente ai partecipanti di esprimere la propria visione filosofica nella forma di una risposta personale al testo nella sua interezza. Essa, pertanto, richiede un pensiero e un'espressione di sé che siano più creativi rispetto a quanto non accada negli esercizi descritti sopra. L'esercizio, di norma, è svolto per iscritto, al fine di sviluppare in modo più completo la propria voce personale. Esso si esegue in genere verso la fine della sessione, quando il gruppo, essendosi già immerso nel testo, ha ormai compreso più profondamente ciò che esso vuole esprimere.

La maggior parte dell'esercizio viene effettuata in modo individuale, ma in presenza del gruppo. I partecipanti siedono assieme in silenzio, riflettendo intimamente sul testo – che ormai conoscono bene – a occhi chiusi, oppure rileggendolo con calma. Il facilitatore può porre una domanda che li aiuti nella riflessione.

In questo momento di riflessione, i partecipanti devono prender nota di quelle intuizioni che si affacciano spontaneamente alla loro consapevolezza, scrivendo poche righe concise e a carattere poetico. Nelle sessioni in presenza, i partecipanti possono scrivere sul proprio foglio di carta, mentre nelle sessioni online possono scrivere su un documento condiviso (come per esempio Documenti Google). Anche nelle sessioni online, tuttavia, è bene scrivere prima su un foglio di carta, e poi copiare successivamente le parole sul documento condiviso sullo schermo del computer. È infatti lo stesso processo fisico di scrittura a mano ad avere un potere contemplativo: la tracciatura attenta delle lettere sulla carta aiuta a tenere la mente concentrata e quieta, nonché a liberare nuove intuizioni.

A differenza della scrittura ordinaria, la procedura del dar voce si effettua quando i partecipanti sono ancora nello stato mentale contemplativo, raggiunto precedentemente durante la sessione. Perché si mantenga questo stato contemplativo, la scrittura dovrebbe essere accurata e avere uno stile poetico. In tal modo, essa può essere l'espressione di una voce personale più profonda, posta oltre i normali schemi di pensiero discorsivo. Da questo punto di vista, la procedura del dar voce è simile a quella del parlare prezioso, anche se le due differiscono l'una dall'altra per alcuni aspetti importanti: nella procedura del parlare prezioso si reagisce a un'idea fornita dal testo, mentre nel dar voce – poiché siamo noi stessi la sorgente delle idee – si dà liberamente forma a intuizioni filosofiche personali. Inoltre, dato che nel dar voce si possono scrivere più frasi – al contrario della singola frase che è richiesta nel parlare prezioso – è possibile sviluppare le proprie intuizioni in modo più completo e creativo.

Il dar voce, perciò, può esser visto come lo stadio più alto nell'attività di contemplazione: dopo avere studiato un testo e aver approfondito la sua rete di idee, dopo aver fatto contemplazione su di esso entrando in risonanza con esso e coi compagni, si è ora divenuti filosofi del profondo, capaci di dar creativamente voce a una visione personale.

14. Poesia di gruppo

Anche questo esercizio si svolge verso la fine della sessione, dopo che il gruppo ha studiato il testo intero e ha svolto attività di contemplazione su di esso. A differenza dell'esercizio del dar voce, qui i partecipanti scrivono un testo assieme. Per farlo, ogni partecipante scrive alcuni versi in stile poetico, che verranno poi messi assieme a quelli scritti dagli altri; in tal modo si formerà una poesia di gruppo che esprime il senso dell'essere-insieme.

All'inizio dell'esercizio il facilitatore può invitare i partecipanti a chiudere gli occhi e a riportare alla mente il testo completo, oppure può chiedere loro di leggere di nuovo il testo con calma e in silenzio. In ogni caso, essi devono prestare attenzione a quelle intuizioni che potrebbero presentarsi alla loro mente. Dopo questo breve momento di riflessione, il facilitatore chiede a ognuno di dar forma alla propria intuizione in uno stile poetico, scrivendo due versi – come se scrivessero parte di una poesia.

I partecipanti, in silenzio, sono impegnati a scrivere per alcuni minuti. Lo stato mentale contemplativo è favorito dalla natura poetica dello scritto: il pensiero poetico, infatti, orienta la mente all'ascolto delle parole e delle immagini.

Dopo circa cinque minuti, quando hanno finito di scrivere, i partecipanti raccolgono i versi che hanno scritto e li dispongono uno dopo l'altro, formando in tal modo una poesia di gruppo. In una sessione online, ciò si può fare su un documento condiviso come quello di Documenti Google. In un incontro in presenza, i partecipanti scrivono i loro versi su piccoli pezzi di carta che vengono poi messi insieme sul pavimento o su un tavolo al centro del cerchio.

Alla fine, l'intera poesia di gruppo viene letta più volte ad alta voce; in questa fase i partecipanti, se necessario, possono suggerire quelle modifiche nei pronomi e nei tempi verbali che rendano il testo più coerente e scorrevole.

15. Disegno filosofico

Anche in questo esercizio i partecipanti entrano in risonanza col testo nella sua totalità. Stavolta, però, non avviene tramite scrittura, bensì per mezzo di un disegno su un foglio di carta. Questo permette loro di dar voce a intuizioni che non sono facili da articolare in parole.

Per iniziare l'esercizio, il facilitatore chiede ai partecipanti di riflettere con calma sul testo nel suo insieme. Successivamente, li invita a dare espressione al loro incontro col testo per mezzo di un disegno. Al fine di evitare l'insorgere di un pensiero concettuale, il disegno dovrebbe essere astratto, privo di oggetti identificabili (come, per esempio, un cuore o un sole), né dovrebbe contenere parole.

Quando i partecipanti hanno terminato, posizionano i disegni su un tavolo al centro o su sedie disposte in cerchio, come in una mostra d'arte. Iniziano poi a camminare liberamente per la stanza, osservando i disegni. Per creare un'interazione attiva, i partecipanti sono invitati a scrivere un titolo per ogni immagine, su fogli che il facilitatore ha previamente posto accanto a ogni disegno. Questo dovrebbe aiutare il gruppo a individuare possibili significati nascosti nei disegni, che potrebbero essere passati inosservati anche ai loro creatori. Dopo questa fase, i partecipanti, di nuovo seduti, mostrano gli uni agli altri i propri disegni e leggono ad alta voce i titoli proposti dal gruppo. Alla fine, spiegano qual era la loro intenzione all'origine del disegno.

Questo esercizio è adatto agli incontri dal vivo; sarebbe difficile, infatti, svolgerlo in una sessione online.

16. Che cosa porto via con me?

Prima della fine della sessione, è bene, per alcuni momenti, dare uno sguardo all'intera sessione, comunicando agli altri ciò che si è ricevuto da essa. È questo il ruolo della semplice procedura chiamata "che cosa porto con me?".

Il facilitatore formula una domanda riepilogativa come, per esempio, la seguente: "Che cosa porti con te di questa sessione?"; ad essa i partecipanti rispondono brevemente e in ordine libero, scambiandosi le idee, le intuizioni e le esperienze che più li hanno colpiti.

Capitolo 12

DOPO LA SESSIONE

Una sessione di contemplazione filosofica dura solo circa novanta minuti. Che ne è di noi, dopo che una sessione è finita?

Le *recollection*
Durante la sessione contemplativa, si compie l'esperienza di uno speciale senso di concretezza, di preziosità e di autenticità, che noi non vogliamo sparisca completamente con la fine dell'incontro. L'esperienza in sé non proseguirà per molto – certamente non con la stessa intensità; il punto, però, non è l'esperienza piacevole in sé. A noi interessa mantenerci consapevoli della realtà più profonda del nostro essere.

È per questo che, durante la settimana, effettuiamo le *recollection*. La parola inglese *recollection* ha vari significati: letteralmente significa "memoria", ma l'espressione *"recollecting yourself"* significa acquisire consapevolezza di se stessi e del mondo circostante. Infine, secondo una lettura non convenzionale, tale espressione può anche essere interpretata come un "ri-raccogliere se stessi" – ossia un raccogliere di nuovo se stessi. Mettendo assieme questi vari sensi, si può dire che nella *recollection* interrompiamo per pochi minuti la nostra attività frenetica nel mondo, raccogliamo il nostro io frammentato, aumentiamo la sua concentrazione e, infine, ci ricordiamo della nostra profondità interiore.

La *recollection* è un breve esercizio – di solito dura fra i cinque minuti e un'ora – che un praticante di Deep Philosophy può svolgere individualmente più volte a settimana. Pratichiamo tale esercizio al fine di riconnetterci alla nostra profondità interiore e di ricordarci, rinnovandolo, del nostro anelito a tale profondità, nonché del nostro impegno a coltivarla. La pratica della *recollection* contrasta la nostra tendenza, tipicamente umana, a smarrirci nelle frenetiche attività quotidiane e nella moltitudine di parole che costantemente ci assale. Essa si oppone, in tal modo, alla nostra tendenza a dimenticare ciò che vi è di prezioso in noi e per noi.

La forma minima di *recollection* consiste nell'interrompere per pochi minuti le nostre attività quotidiane e nel ritornare al nostro silenzio interiore. Se ci limitiamo a questo, siamo ancora al livello della *"recollection* di base", in cui non vi è ancora niente di filosofico. Fare filosofia significa riflettere su idee fondamentali. Affinché una *recollection* sia filosofica, essa deve includere un contenuto che sia filosofico – di solito nella forma di un breve testo.

Una *recollection* filosofica può variare in lunghezza. Nella sua forma più breve, recitiamo una frase scelta da un testo filosofico recentemente letto, che ci ha affascinato o colpito. In una *recollection* più lunga, possiamo leggere o scrivere con calma un paragrafo o due. In una *recollection* più lunga, possiamo svolgere un'attività di contemplazione con una o più pagine prese da un testo filosofico.

Dopo la *recollection*, dobbiamo ritagliarci alcuni momenti nei quali possiamo riflettere sull'intero esercizio e formulare in parole ciò che esso ha regalato al contemplatore – un'intuizione, una frase rilevante, un'esperienza, un'immagine. È utile anche far leggere periodicamente le *recollection* a qualcuno, così da avere una prospettiva diversa su di esse. Per esempio, si possono inviare i nostri resoconti settimanali a un amico, che diviene così il nostro "lettore" abituale – il quale, se vuole, può inviarci una risposta scritta.

Recollection 1: Lettura gentile

Seduto nel mio ufficio, porto a termine il primo compito del mattino, poi faccio una telefonata urgente e scrivo un promemoria.

Ora faccio una sosta. Non voglio passare subito al prossimo lavoro. Devo fermarmi ad ascoltare il silenzio e la profondità, anche se solo per pochi minuti. Quando corro da un progetto all'altro, da una conversazione all'altra, da un compito all'altro, sento che la vita è distante e a malapena reale: la sento scorrere via come un film che viene proiettato a velocità accelerata. Ora voglio essere presente a me stesso, anche se solo per un po' – voglio percepire la realtà del mio essere, voglio espandere i miei confini.

Mi accomodo su una sedia vicino alla finestra, con un saggio di Emerson in mano. Il libro si intitola *L'anima suprema*. Conosco già abbastanza bene questo scritto, perciò lo apro a caso e scelgo, sempre a caso, un paragrafo.

Ora chiudo gli occhi per qualche istante; questo piccolo rituale mi consente di entrare nel mio spazio sacro. Per un minuto o due seguo il mio respiro che, gradualmente, rallenta e si calma.

Apro gli occhi, soffermandomi sul paragrafo che ho scelto. Li faccio scivolare molto lentamente sulle righe, assaporando il senso di ogni parola. La mia mente automatica non ama questa lentezza – essa vuole correre; si annoia facilmente quando non riceve i suoi soliti stimoli. Io non la combatto, ma, ignorando le sue richieste, rivolgo dolcemente la mia concentrazione alle parole e alle immagini del testo. Ascolto il flusso delle idee, senza imporre loro mie interpretazioni. Ora sono divenuto un testimone silenzioso, un ricettacolo di idee; non spetta a me fare affermazioni di alcun genere. A questo punto, messe a tacere quasi del tutto le mie belle opinioni, lascio che sia il testo a parlare in me, risuonando nella mia mente.

Le parole continuano a arrivarmi dense di significati particolarmente preziosi. Le affermazioni di Emerson non sono ormai più semplici affermazioni, ma significati sorprendenti che giungono da lontano: anima suprema, universo, sorgente nascosta.

Terminato il paragrafo, torno all'inizio e lo rileggo più volte.

La quiete ora mi pervade. Una grande intuizione cresce in me, potente ma indefinita, quasi ineffabile – e io me la gusto in silenzio per un po', fino a che non scompare. Allora torno a me stesso, raccolgo i miei pensieri, e, attentamente esamino la mia intuizione. Formulo poche frasi per ricordarmela, scrivendole sul mio diario, prima di rialzarmi e tornare al lavoro.

Recollection 2: annotazione filosofica

Sapendo che oggi avrò una giornata piena di impegni, prima di andare al lavoro dedico alcuni minuti alla lettura di una nuova pagina del libro di filosofia che ho sulla mia scrivania: *La via verso la saggezza*, di Karl Jaspers. Non ho né il tempo né la tranquillità mentale per una vera contemplazione, ma provo comunque a leggere pochi paragrafi nel modo più recettivo che mi sia possibile. Assaporo le parole e le ascolto attentamente.

Mi attrae la frase seguente: "La filosofia è la decisione di risvegliare la nostra fonte originaria, di ritrovare la via del ritorno a noi stessi, di aiutarci con un'azione interiore". Mi fermo e mi chiedo: cosa significa "fonte originaria"? E cos'è la via del ritorno a se stessi? Ancora non comprendo pienamente quella frase, ma sembra che voglia dirmi qualcosa. Sì, sarà questa la mia frase di oggi.

Prendo un foglietto dalla pila di fogli che ho sulla mia scrivania, su cui copio attentamente la frase. La mia scrittura, come al solito, è disordinata e irregolare; ora, però, faccio uno sforzo in più per scrivere nel modo più bello possibile.

È già tardi. Piego in fretta il foglio, lo metto nella tasca della mia camicia, poi mi affretto a uscire di casa. Nell'autobus disconnetto la mente dal rumore attorno a me, poi prendo il foglietto dalla tasca e lentamente leggo la frase varie volte. Arrivato in ufficio, dimentico completamente Jaspers; solo verso mezzogiorno mi torna di nuovo in mente. Durante l'intervallo per il pranzo, dopo aver dato un'occhiata alla frase, inizio a ripeterla più volte sottovoce.

Torno di nuovo al mio lavoro e, per un certo periodo di tempo, la mia mente è piena di questioni urgenti. Due ore più tardi, tuttavia, mentre cammino velocemente per il corridoio, alcune parole di Jaspers mi affiorano alla mente: "La filosofia è la decisione di risvegliare la mia fonte originaria". Immediatamente, compare una bolla di intuizione: "La mia fonte originaria è il terreno su cui io cresco".

Quest'intuizione mi sembra profonda e significativa; per alcuni momenti rifletto su di essa, senza comprenderla pienamente. Mi pare una banalità, eppure è talmente profonda che la mia mente non riesce a comprenderla. Decido perciò di scriverla su un pezzo di carta, in modo da non dimenticarmela. Stasera, quando sarò tornato a casa, ci rifletterò – forse la contemplerò anche – e la elaborerò fino a farne una piccola poesia filosofica.

Recollection 3: contemplazione calligrafica

Poiché questo pomeriggio ho finalmente del tempo per me stesso, decido di fare contemplazione per un po'. Sono stato al di fuori di me per tre o quattro giorni, parlando all'infinito coi colleghi, coi vicini e con gli amici. Ora ho bisogno di stare in silenzio – non perché io non voglia parlare, ma perché voglio immergermi in un mare silenzioso di ascolto interiore. Voglio ritrovare me stesso, raccogliermi in me stesso.

Scelgo un piccolo libro che trovo affascinante, un libro filosofico-spirituale di un filosofo che amo. Sprofondato nella mia poltrona, inizio a leggere. Subito, però, mi rendo conto che le parole non mi conducono verso la profondità. La mia mente, ancora stordita dall'intensa mattinata, passa da una parola all'altra in modo meccanico, senza arrivare a cogliere appieno il loro significato, il suono delle sillabe, delle immagini, del susseguirsi delle idee. Ho bisogno di un esercizio contemplativo che, fissando le parole, le renda pienamente presenti in me, così che io possa gustarmele nella mia profondità interiore.

Con l'attenzione rivolta nuovamente alla pagina, scelgo un breve paragrafo che mi colpisce col suo significato pregnante. Con la mia penna calligrafica, inizio ora a copiare con cura le frasi, in bella grafia, su un foglio di carta. Non essendo un calligrafo professionista, la mia scrittura è tutt'altro che bella; ma quando do forma alle lettere con lentezza e precisione, prestando attenzione ad ogni loro tratto e a ogni linea e curva, allora mi sento pervadere da un profondo e intenso silenzio. I movimenti delle mie dita, il moto armonioso della penna, le linee sulla carta, tutto è intensamente attuale, compresi i sorprendenti significati che nascono dal testo. Non sono io a comporre questi significati, ma vi è qualcosa di più profondo a farlo attraverso di me.

Recollection 4: Conversazione interiore con un testo

Ieri ho ricevuto in regalo un nuovo libro della pensatrice spagnola Maria Zambrano; oggi inizio a leggerlo. Le prime pagine mi incuriosiscono e mi confondono. Il testo è reso oscuro da una molteplicità di metafore e immagini. Tuttavia, vi sono parecchie idee che mi colpiscono per la loro potenziale profondità. Voglio discuterne con Maria Zambrano stessa, anche se è morta alcuni decenni fa.

Una conversazione con un pensatore morto, come se questi si trovasse in carne ed ossa qui davanti a me, può essere di grande valore. L'atto del conversare, in sé, pone la mente in una condizione di apertura alla voce dell'altro. I pensieri non sono più solo miei pensieri privati: essi trascendono il mio io separato, muovendosi fra me e l'altra persona. Perché non può accadere la stessa cosa con Maria Zambrano, anche se è morta?

Individuata una breve sezione all'inizio del libro, la leggo con calma varie volte, mentre ascolto dentro di me le idee e osservo le immagini, le mie proprie associazioni, i miei ricordi. Poi, come in una qualsiasi conversazione fra amici, dopo aver formulato una domanda nella mia mente, in silenzio la rivolgo al testo e, tramite il testo, al suo autore. Rimango ora in ascolto dentro di me della risposta di Zambrano; quando la ricevo, sotto forma di una bolla spontanea di pensiero, rifletto in silenzio per un po' di tempo, poi rispondo con un commento o con un'ulteriore domanda.

All'inizio mi sento un po' stupido a parlare con una filosofa morta, ma so che, al livello della profondità interiore, le distinzioni tra ciò che è morto e ciò che è vivo, o quella fra me e un'altra persona, non hanno più alcun valore. Negli abissi della mia profondità interiore, vi sono solo voci della realtà umana; e così procedo.

Per un po', il mio scambio con Maria Zambrano è alquanto forzato e artificiale, ed è difficile distinguere quello che si origina dal mio ascolto interiore da ciò che proviene dalle invenzioni arbitrarie della mia mente. Poco a poco, però, le parole dentro di me acquistano consistenza e preziosità, e lo scambio comunicativo diviene più profondo. I miei pensieri fanno ora parte di una realtà più vasta di voci che danno luogo, ogni tanto, a una bolla di pensiero.

Oltre le *recollection*
Dopo aver terminato la *recollection*, torno alle mie frenetiche attività quotidiane, ma lo spirito contemplativo ormai mi pervade. Di tanto in tanto mi tornano alla mente frammenti di *recollection* passate, e ciò mi rende certo che ormai il mio stato contemplativo non se ne va mai via del tutto. Ora mi trovo di nuovo nel mio io indaffarato, eppure il mio essere ha ricevuto una realtà in più. Non sono più identico a ciò che ero prima.

Non sono, però, neppure completamente cambiato. I miei vecchi schemi psicologici sono ancora attivi in me – anche ora che, in un certo senso, il mondo attorno a me è più grande. Come un viaggiatore che è tornato in patria dopo aver visitato terre straniere, io sono la stessa persona che anni fa aveva lasciato la sua casa, eppure sono differente. Le mie abitudini sono le stesse di prima, così come le mie capacità, le mie debolezze e il mio modo di parlare – non si nota quasi nessuna grande differenza tra ora e prima. Tuttavia, il mio mondo ora è più grande, perché appartengo a una realtà i cui confini sono più ampi di quanto ritenessi possibile.

A volte questi più vasti orizzonti sono leggeri come un ricordo fugace; altre volte, mi accarezzano con lievemente, oppure mi ricolmano della loro abbondanza generosa. Spesso sono talmente fragili che la loro presenza è quasi impercettibile; ma quel che allora essa promette, rimane in me a originare un desiderio profondo. Anche un semplice desiderio, in una certa misura, ci rende persone differenti.

Continuo a scrivere le mie *recollection* filosofiche e, una volta alla settimana, partecipo alle sessioni contemplative assieme ai miei compagni. È questo il modo in cui la Deep Philosophy mi fa vivere all'interno di una realtà più ampia di me. Anche quando sono perso nelle mie attività quotidiane, anche quando sono irritato o tentato da distrazioni sciocche, ancora, da qualche parte dentro di me, so di appartenere a una sfera più grande, che mi contiene. Io non sono soltanto psicologia; sono parte dell'oceano. Non si è più gli stessi quando si è parte di qualcosa di così vasto.

Tutto questo si può certo chiamare "auto-trasformazione", purché si ricordi che la maggior parte di ciò che si è rimane invariata, e che nessun cambiamento è definitivo. Ciò che ci supera non ci è mai dato come possesso finale, ma solo come prestito. Deve essere costantemente coltivato, altrimenti appassisce e muore.

www.ingramcontent.com/pod-product-compliance
Lightning Source LLC
Chambersburg PA
CBHW072014110526
44592CB00012B/1298